古代歷史文化研究輯刊

十九編

王明蓀 主編

第9冊

武則天重要人際關係考論（上）

司海迪 著

國家圖書館出版品預行編目資料

武則天重要人際關係考論(上)／司海迪 著 — 初版 — 新北市：
花木蘭文化事業有限公司，2018〔民107〕
目 4+146 面；19×26 公分
（古代歷史文化研究輯刊 十九編；第 9 冊）
ISBN 978-986-485-405-9（精裝）
1.（唐）武則天 2.傳記
618   107002305

ISBN-978-986-485-405-9

9 789864 854059

古代歷史文化研究輯刊
十九編　第 九 冊　　　　　ISBN：978-986-485-405-9

武則天重要人際關係考論(上)

作　　者	司海迪	
主　　編	王明蓀	
總 編 輯	杜潔祥	
副總編輯	楊嘉樂	
編　　輯	許郁翎、王筑　美術編輯　陳逸婷	
出　　版	花木蘭文化事業有限公司	
發 行 人	高小娟	
聯絡地址	235 新北市中和區中安街七二號十三樓	
	電話：02-2923-1455／傳眞：02-2923-1452	
網　　址	http://www.huamulan.tw 信箱 hml810518@gmail.com	
印　　刷	普羅文化出版廣告事業	
初　　版	2018 年 3 月	
全書字數	304848 字	
定　　價	十九編 39 冊（精裝）台幣 100,000 元	

武則天重要人際關係考論（上）

司海迪 著

作者簡介

司海迪，女，1982 年生，祖籍山東濟寧，武漢大學文學博士，曾在西北大學從事博士後研究，先後師從著名唐詩研究家尙永亮先生、李浩先生，現爲河南財經政法大學講師，主要從事唐代文史研究，研究成果主要集中在唐太宗、武則天等初唐帝王的人際關係、政治心態等方面，目前已公開發表了多篇相關學術論文。

提　要

　　本文主要運用考證分析和心理分析的方法展示了武則天的重要人際關係。武則天典型的暴力權威的人格特徵與父母族兄及早年處境有關。武則天早年曾蒙太宗寵幸，但並不得寵，這與二人相遇時的心態、情感期望値、年齡差距、李武兩家關係變化等因素有關。早年的宮廷生活對武則天的一生產生了深遠的影響。武則天和高宗在貞觀末年相識相戀，然並未遂願。這段戀情與高宗的戀母弒父情結有關，並和武則天長女暴亡事件一起促成了武則天重返宮廷，並成功立后。高武時期，武則天逐漸攫取政權，高宗運用加大太子行權力度等方法竭力牽制而不能。武則天主要以管教太子爲名反對太子行權，多次對長子李弘、次子李賢進行政治打壓。李弘本就病弱，在政治打擊中病逝。李賢並非武則天親生，而是韓國夫人所生，掛寄在武則天名下。立爲太子後亦因權力矛盾遭到武則天的打壓。其《黃臺瓜辭》即是李賢遭到打壓後，指斥武則天對待子女管教過於嚴厲。其他子女的命運也受到了武則天的影響。武則天取得皇權後，先後配置了薛懷義、二張等幾位面首。她與他們有一定的感情基礎，然並非愛情。薛懷義失寵後，其頻繁張揚的情妒行爲引起了武則天的政治猜忌，因此被殺。二張則因恩寵過盛及其不成熟的政治行爲等原因導致了外界對武則天傳位人選的猜疑，最終引發了神龍政變。武則天的時代正式宣告結束。

目

次

引 論

一、選題緣起和寫作理念

　　本人原係理工專業出身，後被文學的無窮魅力吸引。2010 年，本人報考了武漢大學文學院，有幸師從著名唐詩研究家尚永亮教授。入校之初，在導師的點醒下，驚覺以往思索皆為皮毛之見，並非學術正途，汗流浹背之餘亦堅定了努力讀書的信念。

　　進入古代文學研究領域後，在導師的指點和同學的幫扶下，本人的學術視野逐漸拓寬，眼界大開，一年後確定了該選題。武則天是中國歷史上極具魅力的人物之一，歷來是學界研究的熱點之一。通過搜集資料，我發現以往的武則天研究多集中在人物評價上。學界對她的評價一直存在爭議，一是由於相關史料不是很多，且記載不一。選擇不同的史料作為評價依據，結論自然不同。如武則天長女暴亡一事，諸史有言此事而未說明暴亡原因的，有言是武則天扼女嫁禍王皇后的，也有對此表示懷疑的。一千多年來，學界對此事爭論不休，至今尚無定論。二是由於武則天是一個非常複雜的歷史人物，其人生充滿了傳奇色彩，做出客觀準確的評價並非易事。三是由於評價標準不同。不同的評價機制下，關於其評價亦大大不同。如其晚年私生活在封建衛道者看來是無德行為，但在當時的歷史背景下，這並不足怪，連李唐宗室都能接受。四是由於政治氣候的影響，研究者往往將其研究與現實政治需要相聯繫，使武則天研究一度走上了歧途。如文革時期，「四人幫」的御用文人為了製造江青執政的輿論，曾掀起了一股評價武則天的熱潮，將其描繪成「尊法反儒」的女政治家，其政治策略全部納入「尊法反儒」的軌道。

　　筆者認爲，評價武則天應注意三點：一是要言之有據。對其評價應建立在史料辨僞的基礎上，有一份材料說一分話，有疑問的史料寧可存疑，也不能臆斷；二是要將其放在具體的歷史背景中去考察。脫離具體歷史實際來評價歷史人物的做法顯然是對歷史的不負責，對歷史人物亦不公平；三是研究武則天要尋找新的研究角度，還要倚賴科學先進的研究方法。新的研究角度、科學先進的研究方法容易得出更加新穎準確、客觀的結論，對推進學術演進大有益處。

　　近年來，學界顯然已經注意到了這些問題。上個世紀九十年代以來，學界出現了不少關於武則天的家世生平、文學成就、政治生涯、文化政策等具體問題的研究，也找到了一些研究武則天的新角度和新方法。如有人採用女性主義視角來重新審視武則天，有人從情感、政治、文化等新視角來研究某些傳統問題，還有人運用比較分析法、心理分析法、統計分析法等新方法來研究某些具體問題。這都極大地推動了武則天研究的發展。因此，筆者決定順應學術潮流，試用新方法、新視角來研究武則天的具體問題。

　　關於選題的具體內容，自然是冷門容易出新，因而要迴避人物評價、其政治生涯等熱點內容。通過查閱文獻，筆者發現，關於武則天個人生活的闡述多存在於傳記、小說中，多有想像、演繹的色彩，並非嚴肅的學術研究。關於這些問題的學術研究多是一些考辨具體問題的論文，並無專者。如關於其出家爲尼一事，有人言其沒有按例出家，而是在高宗安排下留守宮中。有人言其按例出家，然因高宗之故沒有削髮，以便伺機入宮。有人言其按例出家並削髮，在王皇后的支持下蓄髮一年後才得以回宮。學界對這些細節問題爭論不休，涉及很多紛繁細瑣的考證，許多歷史眞相至今尚無定論，而關於這方面的專門論著幾乎沒有。關於其個人生活的研究還存在一個問題，那就是極少有人涉及其情感。其女性帝王的耀眼標籤已經遮蔽了其私人情感世界的光芒。不少人將其全部思想和行爲納入爭奪權力的思維軌道之中，將其描繪成一個政治動物，忽視了其作爲女性的普遍情感。如關於其與李弘關係一事，史料中多載其因爭權鴆殺李弘，也有人對此存疑。儘管有人已經意識到她可能是冤枉的，然多認爲權力是二人發生矛盾的根本原因，並未繼續深究二人關係的其他方面，如其對李弘的情感基調、情感變化原因、導致李弘死亡的其他因素等。

　　鑒於此，我決定避開武則天的研究熱點，即不談其評價和政治生活，只談其個人生活，重點放在其情感生活上，試圖從記載不一的史料中尋找其情感火花，描繪出其一生的情感經歷。經過前期的資料搜集，我發現其個人生活和常人一樣，主要圍繞家庭、婚戀、事業三個方面，涉及父母、兄弟姐妹、丈夫、子女、面首、朋友、朝臣等諸多人際關係，還是比較集中的，足以成就一篇博士學位論文。這些人際關係與政治有千絲萬縷的聯繫。學界往往從記載不一的史料、各執一端的研究成果中各取所需，且由於史料有限和評價體系的落後，將她描述成一個冷酷無情、利用婚戀和子女上位的政治動物和失德者。這顯然是不人性的，對武則天也有失公平。因此，我決定儘量避開政治生活，從她最基本的人際關係入手，試通過辨析史料爲她描繪一幅情感圖畫。本文的基本思路即按照時間順序，逐一描述其人際關係狀況、情感內涵及影響。由於要分析其情感活動，勢必要涉及她的人格內涵、個性形成和心理活動等內容，因此我將論文大致定名爲「武則天重要人際關係考論」。武則天與朝臣的關係顯然多與政治有關，不太適合展示她的情感世界。因此，在具體研究對象上，我只擇取某一階段最能展示她情感世界的人際關係，按照時間順序依次爲她與父母族人、太宗、高宗、子女和面首的關係。

　　關於本文的寫作理念。改革開放前，學界存在將武則天政治化、男性化、妖魔化的傾向，不是將她寫成某階級利益的代表者、男性化的女性帝王，就是將她寫成缺乏人性氣息的政治動物、道德淪喪者。改革開放後，隨著女性主義思潮、自然主義思潮的引入，武則天研究又出現了女性化、情慾化的傾向，她又變成了一個充滿情慾的小女人。也就是說，政治經濟形勢、學術思潮的變化都不可避免地給武則天研究帶來主觀色彩。筆者認爲，武則天首先是一個人，有著正常的人性需求，當然也包括女性需求；其次，武則天是一個女性，其女性氣質當然有別於男性；最後，武則天是一個封建帝王，與一般的封建女性不同，當然她也有一定的歷史局限性。因此，本文力求將她寫成一個活生生的、有血有肉的人。作爲普通人，她有著正常的人性需求，也有受壓迫後的反彈扭曲心理，這一點並不因其卓越的政治才能而有所不同；作爲女性，她有著女性特殊的氣質，並不因她是女性帝王而有絲毫減損；作爲帝王，她身上有著強烈的權力欲望和爲之奮鬥的巨大動力，這一點也絲毫不遜於男性帝王。這些複雜的人性集中體現在武則天身上，共同支配著她的思維和行爲。

二、選題的價值和意義

鑒於以上情況，本人選擇「武則天重要人際關係考論」這一題目的價值和意義如下：

探析武則天人格的內涵和形成原因。學界對其人格的研究並不少，大致認定她具有權威、自信、進取、殘酷、專制等典型的權威人格特徵。這當然是武則天人格的重要方面。除此之外，她還有善良、虛榮、慈愛、任性等其他人格側面。關於其人格的形成，學界普遍認為與其早年受到族人欺凌有關。其實，她的人格還與其父母的影響、家庭的政治境遇、早年宮廷生活和情感經歷有關。學界對這些問題幾乎沒有任何研究。本文擬探討這些問題顯然有助於推進武則天研究的發展。

展示武則天一生重要人際關係的面貌。上個世紀，學界主要關注其與高宗、面首、酷吏的關係，尤其關注其與高宗的權力分配問題。本世紀以來，學界開始關注武則天和其父母、子女及太宗等人的關係，但是研究深度明顯不夠，如其父母的體質、人格、人生經歷、職業等因素分別對武則天產生了什麼樣的影響？他們去世後，武則天與他們感情如何？太宗與武則天感情如何？武則天與李弘、李賢的關係是如何逐步惡化的？他們關係惡化除卻權力因素以外，是否還有其他原因？學界關於這些問題的研究相當不成熟。本文擬考察這些問題顯然有利於展示武則天的情感內蘊和個性風采。

探析武則天一生重要人際關係的來龍去脈。學界對武則天某些人際關係的研究存在簡單草率的傾向，如武則天和太宗的關係，學界往往以一句「太宗不愛武則天」籠統言之，未深入探討二人情感的一些微妙之處。學界還多將二人關係不諧簡單歸於性格原因，未考慮到二人家族的關係、年齡差距、情感狀態等因素。又如武則天和高宗的關係，學界對二人相識真相、廢王立武和權力分配等問題意見不一，本文亦打算就此提出一些淺見。

糾正學界對武則天的道德評價。學界對其評價很多，但是存在一個共同問題，那就是缺少人性關懷。如其晚年廣置面首，有人因此斥其失德，也有人為其辯解，但是研究者們往往忘記了事實是評價的前提，在評價前應該還原其情感生活真相。又如學界往往簡單地將薛懷義視作一個淺薄愚蠢的面首，對他的身世、職業、思想、死因等問題並不深究，對他和武則天關係長達十年之久的原因亦無合乎人性的解釋。再如學界將二張其視作武則天的面首，也注意到了他們與武則天政權倒臺的關聯，然對武則天寵溺二張的原因、

與二張的情感內涵及二張如何成爲神龍政變的引線等問題均未深究。這顯然是不夠的。

　　還原一個不斷成長變化的、富有生活氣息的武則天形象。鑒於其在政治上的卓越表現，學界往往將其描繪成一個自幼就野心勃勃的政治動物。這顯然是不恰當的。筆者試通過心理描寫，將其一生的情感狀態和心理內涵一一展示出來。她少年時有天眞、孝順、懂事的一面，青年時有兒女情長、爲情所困的小女兒情懷，中年時有躁狂、敏感、焦慮等更年期症狀，晚年更有一般老太太的昏庸、懶散之態。她的情感也是相當豐富的，如她對長子李弘，早年對他疼愛有加，寄予厚望，同時亦利用他鞏固後宮。李弘成人後，與她漸生隔閡，她十分失望和不滿，並一再打擊。李弘去世後，她又非常傷心。本文擬對此做一番探究，顯然有利於展示一個更加人性化的武則天形象。

三、研究設想

　　基於上述情況，本文在搜集辨析史料的基礎上，以武則天的人際關係爲主要研究對象，儘量避免人物評價和政治生活等熱點問題，力求運用心理分析和考證分析相結合的方法勾勒其一生的情感歷程及影響，試圖還原一個充滿人性的、立體化的、眞實的武則天。

　　與武則天相關的史料有不少矛盾訛誤之處。因此，本文先對史料記載不一或存疑處做考證辨析，然後在此基礎上再做探析。再者，這些人際關係時間跨度長，涉及範圍廣。因此，本文在探討每一組人際關係時，重在描述其關係的內幕和變化，將其關係的轉折點及原因做爲重點探討的內容。

　　關於武則天與父母、族人的關係。學界早已注意到其早年生活對其人格形成有莫大影響，然主要圍繞武家父系家譜、母系出身、武家中道變故等方面展開。本文打算另闢蹊徑，主要探討其父母的年齡、身體素質、性格、職業、婚姻狀況、武家的政治境遇、家庭關係和家庭變故等因素對武則天的影響。

　　關於武則天和太宗的關係。武則天在太宗朝不得志已是學界公認的事實。因此，關於二人關係的研究焦點一直集中在太宗不愛武則天的原因上，歷來學界有性格不合、讖語失寵等說法。這顯然不夠全面，也不夠深入。武則天與太宗關係不諧顯然不僅僅是性格不合或者讖語所致，還與二人的年齡、閱歷、李武兩家的關係、太宗的健康狀況及當時的政治局勢有關。作爲

武則天的第一位「丈夫」，太宗的存在幾乎籠罩了武則天的整個青春時代，其對她的影響顯然不容忽視，如其情感上的成長、對宮廷生活的認識等。此外，由於太宗的冷落，武則天有不少空閒時間得以學習思考，為以後的人生發展做準備。本文試從這些方面探討二人的關係。

關於武則天和高宗的關係。在武則天的多組人際關係中，她和高宗的關係最受學界關注。作為武則天的命運之神和陪伴她時間最久的男性，高宗對她的命運具有決定性的影響。由於二人相處時間長，又共同經歷了不少重大歷史事件，因此二人關係頗為複雜和微妙。一直以來，學界對二人關係的研究多集中在這幾個方面：一是二人相識相戀的真相。由於史料有限和史家隱諱，這段戀情的開端和內幕一直比較模糊，學者們也是各有不同觀點。二是廢王立武。圍繞廢王立武的歷史謎團就更多了，如武則天出家的寺廟到底是哪一座，武則天長女暴夭真相到底如何，王皇后被廢的原因到底是什麼，學界對這些問題的看法尚不統一。三是武則天和高宗的權力分配問題。武則天輔政後，她與高宗在政治上究竟孰主孰輔，還是二人共治、平分秋色。這些都是本文試圖解決的問題。圍繞這些問題，學界還產生了關於高宗性格的討論。這是探究二人關係繞不開的問題。限於篇幅，本文打算先將高宗的性格、心理和行為特點做一番論述，然後再探討這幾個問題。

關於武則天的親子關係。武則天有親生子女和庶出子女。她對庶出子女一概排斥打壓，討論的餘地不大。她對親生子女的態度比較複雜。由於武則天篡唐，學界歷來傾向於將她描繪成一個屠戮虐待子女的、喪失人性的母親，這顯然對她有失公允，亦有人提出了一些頗有見地的看法，然存在不少問題。如她和李弘的關係，有人提出李弘死於疾病，而非武則天鴆殺，然李弘早亡還有一些其他原因，如李弘先天體弱，是否與武則天懷孕他時的處境有關？武則天對成人後的李弘是何態度？是否影響到了他的健康？又如她和李賢的關係，李賢的生母到底是武則天還是韓國夫人？《黃臺瓜辭》的內涵究竟是什麼？這都是需要繼續探討的問題。另外，李顯、李旦和太平公主在武則天生年多採取順應妥協的態度，可就武則天對他們性格、命運的影響做一些簡要論述。

關於武則天和面首的關係。武則天晚年廣置面首，有人以此指責她失德，亦有人認為這種評價有失公允，還有人認為這是女權進步的表現。近年來，學界注意到了她晚年情感生活的政治影響，但是學界一直對其面首的身世及

與她的情感關係缺乏關注。事實是評價的前提。武則天與面首的情感內幕到底是怎樣的？他們之間是否存在親密關係？他們緣何得到武則天長久的寵愛？他們到底對武則天產生了怎樣的影響？這都是可以繼續深挖的問題。本文打算儘量避開評價，把這幾位面首的身世、性格、才能、與武則天關係的真相、對武則天的影響等問題論述清楚，以區別於前人的研究。

　　爲了寫好本文，筆者除了認眞閱讀有關武則天、武士彠、太宗、高宗、薛懷義、二張等人的傳記、筆記、詩文、墓誌銘、遺詔、論文、專著等，還參考了一些傳記、秘史、野史、歷史小說等，試根據有限的史料，運用心理分析和考證分析的方法勾勒出武則天的情感世界。

第一章　武則天的家世探析及人格發展

　　武則天的早年家庭關係比較複雜。父親武士彠與原配妻子相里氏共生育四子。後武士彠在外爲李唐事業奔波，相里氏及其中二子先後在家中病死。唐王朝建立後，高祖體恤功臣，撮合武士彠與隋宗室觀王（後改封爲觀德王）楊雄弟始安侯楊達之女楊氏完婚。婚後二人育有三女，次女就是武則天。很明顯，在這樣一個兄弟姊妹眾多的再婚家庭中，武則天既非男兒，又非長女或幼女，這樣不太顯眼的女孩一般會有被忽視排擠的經歷。武士彠去世後，兩個異母兄長經常欺凌武則天母女。這種欺凌生活以楊氏攜帶三個女兒離開文水遠走長安投奔親屬告終。實際上，武氏親屬與武則天的關係並未因此終結。十幾年後，武則天在高宗朝發跡，就將母親、姐姐及其子女接入宮中，給予封號和賞賜，並一再追封父親。她對昔日結怨的武家親屬則經歷了一個從厭惡排斥到信任重用的過程。到了稱帝建周時，武家的政治勢力已經相當強大了，甚至一度超越李唐子孫，差點成爲武周王朝的繼承人。

　　近年來，不少人對武則天的早年生活及對她人格的影響提出了一些頗有見地的觀點，如其父母門第的巨大差異使她形成了既自卑又進取的性格，父親的去世和族人的欺凌使她形成了善於忍耐、頗有城府、冷酷無情、偏於理性的性格等，但仍不夠細緻深入，如其父母的體質、性格、家庭的政治境遇等因素到底如何具體地影響了其人格的形成，本章試對此做一番探析。

第一節　風枝不可靜，泣血竟何追——武則天和父母

　　武則天自幼和父母生活在一起，對父母有著非常深厚的感情。父親去世時，她才十二歲，母親陪伴了她數十年。因此，她對母親的感情很深，對父親更多的是一種懷念之情。下面試對她和父母的關係略作探討。

一、武則天與父親武士彠

　　武家是文水小姓，先世沒有出過高官。武則天的父親武士彠早年務農，後「鬻材爲事」，即經營木材，「世殖貨，喜交結」〔註1〕，「因致大富」後，不滿足自己只富不貴的社會地位，就和兄弟們一起參與了高祖父子起兵。「其起家之始末皆不能詳」〔註2〕，即可看出其寒門根底。武士彠投資高祖父子事業大獲成功，一躍成爲唐王朝的開國功臣，可見其善於經營攀附，並非一般的農民和商人。武士彠原配妻子相里氏是汾陽地區門第不高的胡人之女，共爲武士彠生育四子。武士彠在外奔波之際，相里氏及其中兩子先後在家中病逝。武士彠忙於李唐事業均未能歸家探望。高祖父子建唐後，武士彠作爲二等功臣，在中央任職高官，深得高祖信任。高祖體恤功臣，撮合隋宗室觀德王（後改封觀王）楊雄弟始安侯楊達之女楊氏與之完婚，又生育三女。玄武門事變後，秦王世民即位，武士彠被新君調任地方，至死未能返回中央。楊氏攜子女跟隨丈夫赴任。武士彠在地方上政績突出，多次受到太宗嘉獎。高祖死後，武士彠也一病不起，不久死去。這時正是武則天的童年時期。

　　武則天對父親的感情以及父親對她的影響，諸史並無記載，只能根據史料推測。武士彠死後，武則天的兩個異母兄長武元慶、武元爽「皆不禮於楊氏」〔註3〕。可見武士彠生前對武則天母女多有照顧，前妻生的兩個兒子即使心懷怨恨，也不至擺在明處。武則天還是高宗昭儀的時候，就「欲追贈其父而無名，故託以褒賞功臣，而武士彠預焉」〔註4〕，追贈父親爲并州都督。此時她在後宮地位尚不穩固，王氏和蕭氏兩個強敵都對她虎視眈眈，「更相與共

〔註1〕〔宋〕歐陽修、宋祁：《新唐書》卷二○六《武士彠傳》，北京：中華書局，1975年版，第5835頁。
〔註2〕陳寅恪：《金明館叢稿二編》，上海：上海古籍出版社，1980年版，第275頁。
〔註3〕〔宋〕司馬光：《資治通鑒》卷二○一「則天后乾封元年八月」條，北京：中華書局，1956年版，第6349頁。
〔註4〕〔宋〕司馬光：《資治通鑒》卷一九九「高宗永徽五年三月庚申」條，北京：中華書局，1956年版，第6284頁。

譖之」〔註5〕，她就急於給父親追褒功名，除了炫耀後宮地位外，也不難看出她對父親的深情懷念。立后不久，她追贈父親爲「司徒，賜爵周國公」〔註6〕。及至二聖階段，她追尊父親爲太原郡王，食邑五千戶，以文水縣三百戶充奉陵邑，置令、丞以下諸官，他的廟諱和祖先名諱皆禁止冒犯。臨朝稱制後，她追崇父親爲魏王，食邑一萬戶。大周革命前夕，她追尊父親爲忠孝太皇。革命後，她尊父親爲孝明高皇帝，廟號太祖，陵墓成爲昊陵。聖曆二年（699），她改昊陵爲攀龍臺。長安元年（701）十二月，她在父親陵前樹立了一通非常高大的石碑——「大周無上孝明高皇帝碑」〔註7〕，碑銘對父親早年事蹟大加吹噓，稱隋文帝晚年，坐鎮東方的漢王楊諒曾親自率僚屬登門造訪，逼武士彟出山。武士彟不得已來到京師，滿朝文武一見，無不敬仰。宰相楊素自愧不如，嫉妒生恨，欲加害之，幸賴觀德王（後改封觀王）楊雄和吏部尚書牛弘庇護才得免。當時武士彟並未參軍，只是一介平民，竟能榮耀若是，顯然是編造。這也反映出武則天對父親的崇拜和吹捧。根據以上史料可推知，武則天和父親的感情應是不錯的。

現代心理學認爲，每個人一生中都至少有一位精神父親。作爲家庭的頂樑柱，精明能幹的武士彟也應是武則天的第一位精神父親。武士彟作爲武則天的生身父親和第一位精神父親，也確實對她產生了長久而深遠的影響，主要表現在以下幾個方面：

一是武士彟的殷實家境和寒微門第對武則天的一生影響深遠。

武士彟出身農民，善於經營，史載他「家富於材，頗好交結」。近代有學者據此推論他是販賣木材起家，在隋朝屢次大興土木工程，因而致富。這應該是可信的〔註8〕。至於武家到底富裕到什麼程度，史無記載，然據其資助高祖開國事業又無特大戰功而位居二等功臣來看，其資助錢財應非小數。開國後，根據《攀龍臺碑》所記，武士彟任官以來得到賞賜甚多，封壽陽縣開國公時食邑一千戶，改封義原郡開國公時增邑一千戶，武德元年（618）又賜田三百頃，奴婢三百人，別事實封五百戶，進封應國公時又加實封八百戶，從

〔註5〕〔宋〕司馬光：《資治通鑒》卷一九九「高宗永徽五年三月庚申」條，北京：中華書局，1956年版，第6284頁。
〔註6〕〔宋〕司馬光：《資治通鑒》卷二〇〇「高宗顯慶元年二月辛亥」條，北京：中華書局，1956年版，第6296頁。
〔註7〕姜捷：《武則天時代的考古學觀察》，《考古與文物》，2002年第6期。
〔註8〕參見〔宋〕歐陽修、宋祁：《新唐書》卷二〇六《武士彟傳》，北京：中華書局，1975年版，第5835頁。

平京師時曾賜宅一區，表示他在長安有家宅，即使後來外放爲都督，回京報告政情時，也不必像其他朝集使般「賃房與商人雜居」〔註9〕。也就是說，武士彠除了門第以外，財富和功名俱佳，儼然已成爲唐朝新貴。這應該是高門楊氏甘願下嫁的重要原因。

武家的富裕家境對武則天的幼年生活影響很大。第一，殷實的家境讓楊氏嫁到武家後不必憂心物質生活，也就能騰出精力教育武則天姐妹。第二，武家早年寒微，財富和地位在武士彠一代才有了重大改變。武家發家史難免被自家人引以爲豪地傳授於子孫後代，這就不可避免地涉及到踏實肯幹、投機鑽營、務實功利等實幹家精神。這對幼年的武則天無疑是有啓蒙作用的。武則天後來在太宗面前賣弄馴馬術時，提到用鐵鞭、鐵撾馴之不服後，「則以匕首斷其喉」〔註10〕。按照她的意思，寶馬即便名貴，不受人駕馭，對人而言也是毫無價值，即可殺死。一般來說，珍貴之物很少因其無用遭毀棄。武則天殺死不受調馴的寶馬反映了她極度功利的價值觀。武則天的侄子武三思曾說：「不知何等名作好人，惟有向我好者是好人耳！」〔註11〕其價值觀與姑姑極其相似。姑侄二人高度相似的價值觀應與武家門風有關〔註12〕。

武家的寒微門第給武則天的政治道路帶來了不少阻礙。武士彠雖然依靠投資高祖建唐一躍成爲新貴，然從傳統的門第觀來看，仍屬政治暴發戶行列。武氏家族也確實彌漫著一股濃鬱的寒素氣息。武士彠一代均是農民出身，第二代武氏族員如武元慶、武元爽、武懷運、武惟良等人大多不甚讀書，素養不高。第三代武氏族員如武三思、武承嗣、武懿宗等人多是貪財好色、橫行暴戾之輩。武則天的母親楊氏雖然出身高貴，但是當時的門第多是按照父系。因此，武則天仍被視作政治暴發戶的女兒。這給她以後的人生帶來了不少麻煩。武則天立后時，長孫無忌、褚遂良等人就以門第爲由表示反對，言若要立后，應「妙擇天下令族，何必武氏」〔註13〕。駱賓王在《代李敬業討武氏

〔註9〕　〔宋〕王溥：《唐會要》卷二四《諸侯入朝》，北京：中華書局，1955 年版，第 459 頁。

〔註10〕　〔宋〕司馬光：《資治通鑒》卷二〇六「則天后久視元年正月」條，北京：中華書局，1956 年版，第 6544 頁。

〔註11〕　〔後晉〕劉昫等：《舊唐書》卷一三三《武三思傳》，北京：中華書局，1975 年版，第 4735 頁。

〔註12〕　雷家驥：《武則天傳》，北京：人民出版社，2001 年版，第 42 頁。

〔註13〕　〔宋〕司馬光：《資治通鑒》卷一九九「高宗永徽六年九月」條，北京：中華書局，1956 年版，第 6290 頁。

檄》中也說她「地實寒微」〔註14〕。聖曆元年（698），當時武則天已稱帝八年，武則天遣族人武延秀去突厥和親，被突厥拒絕。突厥默啜言：「我可汗女當嫁天子兒，武氏小姓，門戶不敵，罔冒爲昏」〔註15〕。可見，武家門第確實不高，即便武則天龍登九五，仍不免被人嘲笑。

寒微的父系門第使武則天產生了嚴重的門第自卑感。「由於自卑感總是造成緊張，所以爭取優越感的補償動作必然會同時出現」〔註16〕。武則天立后不久就鼓動高宗修改《氏族志》，將武家門第列爲第一等。她還不斷地追封父親，直至爲王侯、皇帝，爲其建造廟宇，乃是以此抬高武家門第。同時，她還對母親楊氏極爲推崇，與其說是提高婦女地位，倒不如說是炫耀母親的出身，強調自己血統中的高貴成分。

同時，父系的寒微背景也使武則天對寒素人士有一種天然的親和力。武則天從貞觀十一年（637）入宮到神龍元年（705）下臺，一直都和宮僕關係不錯，並多次借助宮僕的力量贏得了宮廷鬥爭的勝利。武則天設置銅匭大興告密之時，「雖農夫樵人，皆得召見」〔註17〕。武則天的面首薛懷義和二張出身都不高，頗有寒素之風。薛懷義舉止粗俗，經常聚集市井無賴橫行不法。二張將商賈帶到宴會上，與群臣同列。武則天對此並未責怪追究。另外，由於她出身不高，在朝中缺乏根基。她掌權後十分注意提拔獎掖寒門士子，如陳子昂、李嶠、宋之問等。出身寒微的酷吏也一度備受重用，如胡人索元禮、原是醴泉賣餅小販的侯思止等。這種市井作風甚至延續到了中宗時期。中宗「命宮女爲市肆，公卿爲商旅，與之交易，因爲忿爭，言辭褻慢，上與后臨觀爲樂」〔註18〕。這種市井審美趣味應與母族門第有關。

不難看出，武家的財力之雄厚和門第之寒微形成了鮮明對比。唐王朝建立後，武家結交的自然大多是顯貴官宦。在當時極其重視門閥的社會風氣下，武

〔註14〕〔唐〕駱賓王：《代李敬業討武氏檄》，見〔清〕董誥：《全唐文》卷一九九，北京：中華書局，2009年版，第2009頁。

〔註15〕〔宋〕司馬光：《資治通鑑》卷二〇六「則天后聖曆元年八月戊子」條，北京：中華書局，1956年版，第6531頁。

〔註16〕〔奧〕A・阿德勒著，黃光國譯：《自卑與超越》，北京：作家出版社，1987年版，第47～48頁。

〔註17〕〔宋〕司馬光：《資治通鑑》卷二〇三「則天后垂拱二年三月」條，北京：中華書局，1956年版，第6439頁。

〔註18〕〔宋〕司馬光：《資治通鑑》卷二〇九「中宗神龍三年二月己丑」條，北京：中華書局，1956年版，第6631頁。

家家境富裕，門第寒微，又在短期內躍升爲朝廷新貴，易給人暴發戶之感。在這種家庭環境中成長起來的武則天自然不必爲生計奔波。同時，與其他顯貴之家的少女相比，她缺少一種天然的門第優越感。除門第外，能使人產生優越感的莫過於權力了。也就是說，武家的這種尷尬家境很容易培養出嗜好權力的孩子。武則天就是這種情況。她一生都對權力表現出了超乎尋常的熱愛。

二是武士彠的性格和思想觀念對武則天一生產生了深遠影響。武士彠不同於一般的農民、商人，從其發家史中可見他具有精明勤奮、積極進取、觀時通變的進取型人格，成功地完成了從農民到富商、再到高級官僚的轉變。他的進取型人格對武則天影響深遠。武則天除了晚年有些沉迷享樂外，幾乎可以說一生都未放棄前進的腳步。她從第一次入宮做才人起，就有過積極改變命運的強烈需求和不懈努力，甚至一度落魄爲寺廟女尼，也沒有隨波逐流、自暴自棄。返回宮廷後，她經過多次的宮廷鬥爭和長期的政治鋪墊，終於在入宮半個世紀後登上了權力巔峰。

武士彠善於察言觀色，把握時機，攀附關係，也敢於冒險。武士彠當初爲留守太原的高祖所用，卻是副留守王威之黨，並非高祖心腹。他觀察高祖，以爲他「雄傑簡易，聰明神武，此可從事矣」，於是不遺餘力地攀附巴結。高祖常常在武家「樂飲經宿，恩情逾重」〔註 19〕。二人地位懸殊，短時間內關係如此親密，應是武士彠刻意攀附迎合的結果。建國後，高祖曾對他說過「嘗禮我，故酬汝以官」〔註 20〕，應指此事。大業十三年（580），隋室衰頹不可挽救，高祖決定策馬逐鹿。武士彠對高祖多有鼓勵，言「有稱唐公爲天子者」，無疑是勸高祖起兵。「高祖大歡，益以自負」。武士彠又獻上兵符，高祖感動之下對他許諾：「當同富貴耳！」〔註 21〕武士彠遂舉家投資高祖起兵。這次投資與經商不同，一旦失敗就是滅族之罪。他的大膽冒險精神可見一斑。武則天身上亦有這種精神。她初次入宮後長期受到太宗冷落。在太宗晚年，她不懼宮規森嚴，不顧倫理、不失時機地與年輕的太子治搭上了關係，出家爲尼後還與之來往不斷，後得以重返皇宮，命運開始出現轉機。

〔註 19〕 〔唐〕李嶠：《攀龍臺碑》，見〔清〕董誥：《全唐文》卷二四九，北京：中華書局，2009 年版，第 2514～2523 頁。

〔註 20〕 〔宋〕歐陽修、宋祁：《新唐書》卷二〇六《武士彠傳》，北京：中華書局，1975 年版，第 5835 頁。

〔註 21〕 〔唐〕李嶠：《攀龍臺碑》，見〔清〕董誥：《全唐文》卷二四九，北京：中華書局，2009 年版，第 2514～2523 頁。

　　武士彠將政治事業看得比親情重要。他在外忙於高祖大業之時，家中妻子和兩個兒子相繼死去，他都無暇回去探望，可見他對事業高度專注。這位在商場和官場都春風得意的新貴，爲了事業妻死子亡而不歸，發跡後又忙於政務，無疑給女兒樹立了榜樣。武則天爲了政治事業極少顧及骨肉親情，甚至不惜傷害、殺戮親眷，其中包括自己的孫子、孫女、孫女婿、外甥、外甥女等。她這種事業至上的觀念除卻多年政治生活的磨煉之外，應與父親的影響有關。武則天入宮前，小小年紀即將離開親人卻不傷心的自如心態也可看出其功利價值觀念。武士彠去世後，其精神遺產開始在武家出現負面效應。兩個兒子爲了爭奪家庭門戶權和財產繼承權與繼母、妹妹產生了激烈的矛盾。當然這也與他生前就沒有平衡好家庭關係、沒有合理安排後事有關。在一點上，他不是一個稱職的丈夫和父親。武則天晚年特別注意平衡李武兩家的關係，李武兩家甚至在她崩逝後還關係良善，可能就是吸取了父親教訓的緣故。

　　武士彠深諳官場之道，懂得進退，這一點對武則天也有影響。武士彠在高祖起兵之初不遺餘力地攀附巴結，舉家跟隨，甚至不能顧及妻了，待到大業建成之際，他又變得謙抑起來。唐朝開國初年，元老功臣比比皆是，像他這樣因緣得進者，根本算不上什麼人物。因此，退掉高升能獲得謙遜的美名，將有利於今後的發展。他的謙遜也確實取得了效果。在唐朝十六位開國功臣中，只有七人得以善終，他算是相當得志者〔註22〕。武則天似乎天生通曉此道。她本性剛強果敢，然與高宗產生私情時，卻能以退爲進，用女性的柔情和眼淚拴住他的心。在羽毛未豐、對手強大的時候，她能「卑辭屈體以事」〔註23〕，或「進加虛位，以安其心」〔註24〕，欲擒故縱，先捧後殺，時機一到，再委以重拳。如立后之初，爲了顯示自己大度，她請求高宗賞慰當初反對立她爲后的韓瑗、來濟。一年半後，她的心腹許敬宗等人就誣告二人與褚遂良潛謀不軌，後又誣陷二人與長孫無忌、褚遂良互相構扇，「潛通宮掖，謀行鴆毒」〔註25〕。結果長孫無忌被逼自縊，褚遂良、韓瑗二人被處斬。在對

〔註22〕　梁恒唐：《武則天探秘》，太原：山西古籍出版社，1997年版，第95～96頁列示唐朝16位開國功臣的情況。

〔註23〕　〔宋〕司馬光：《資治通鑑》卷一九九「高宗永徽五年三月庚申」條，北京：中華書局，1956年版，第6284頁。

〔註24〕　〔後晉〕劉昫等：《舊唐書》卷六《則天本紀》，北京：中華書局，1975年版，第116頁。

〔註25〕　〔宋〕司馬光：《資治通鑑》卷二○○「高宗顯慶四年四月「條，北京：中華書局，1956年版，第6314頁。

付權力威脅者李弘、李賢時,她能不動聲色、綿裏藏針地予以重拳。臨朝稱
制後,她開始重用酷吏,然並不給他們過高的官職和權力,眾多酷吏無一做
到宰相者。在酷吏危及某些骨鯁重臣時,她亦出手挽救。當時一大批正直大
臣與酷吏展開鬥爭,亦是她在背後撑腰的緣故。她利用酷吏之手剷除了大部
份政治障礙。酷吏失去利用價值後,為了推卸責任、緩和矛盾,她又順勢嫁
罪宰相,誅殺酷吏,以平眾憤。這種進退自如的用人政策顯示了她高超的政
治藝術,與父親頗有相似之處。

三是武士彠的人生經歷和職務也對武則天產生了深遠影響。武士彠頗善
交際,當初在太原時就經常借歡宴之名攀附巴結李淵,以至於李淵在武家「樂
飲經宿」〔註26〕,徹夜不歸。武則天出生前,武士彠任職「光祿寺」,其任務
是「掌酒醴膳羞之政」,「朝會宴享則,節其等差」。武士彠在武德中任職檢校
井鉞將軍,「多有獻納……俄留守光祿給養」。這些事情極有可能作為家史講
述給幼年的武則天。武則天也是一個頗善交際的人,「從小就深知酒在人際交
往和政治鬥爭中的作用」〔註27〕。武則天進軍皇后寶座時,「畏大臣不從」,
就和高宗一起攜重禮拜訪長孫無忌,希望在「酣飲極歡」中解決此事〔註28〕。
武則天晚年經常在宮中歡宴群臣,縱酒行樂。她還喜歡在歡宴場合嘉獎功臣,
如久視元年(700),狄仁傑力排眾議主張赦免契丹的兩位降臣,並請與之官,
令其兵擊契丹餘黨。兩位將領果如狄仁傑言,為武周盡心盡力,將契丹全部
平定。武則天因此「召公卿合宴」。慶功宴上君臣盡歡,她舉觴稱讚狄仁傑之
功,狄仁傑「固辭不受」〔註29〕。

武則天出生時,武士彠被封為定國公。在以後的十幾年裏,他又歷任揚
州都督府長史、豫州都督、利州都督、荊州都督等職。武士彠出色的政治表
現無疑對武則天具有啓蒙作用。童年的武則天跟著父親走南闖北,遊歷了幾
乎小半個中國,不僅開闊了眼界,也因此積累了不少地方生活經驗。這樣豐
富的童年經歷對她的個性塑造無疑有巨大作用,對她日後不出深宮執掌天下

〔註26〕 〔唐〕李嶠:《攀龍臺碑》,見〔清〕董誥:《全唐文》卷二四九,北京:中華
書局,2009年版,第2514～2523頁。

〔註27〕 韓全中:《武則天與酒》,選自趙文潤、李玉明主編《武則天研究論文集》,太
原:山西古籍出版社,1998年版。

〔註28〕 〔宋〕司馬光:《資治通鑑》卷一九九「高宗永徽五年十月」條,北京:中華
書局,1956年版,第6287頁。

〔註29〕 〔宋〕司馬光:《資治通鑑》卷二○七「則天后久視元年七月」條,北京:中
華書局,1956年版,第6548頁。

亦有益處。再者，武士彠做過農民、商人、軍官、官員，武家普遍文化不高，對生活要求很現實，使她形成了大膽潑辣、求真務實的性格。這種實幹家性格對她日後從政很有好處。這一點學界已論述甚多，茲不贅述。需要指出的是，家庭的頻繁搬遷可能給童年的武則天造成一些負面影響。居無定所、四處漂泊的生活很容易使她缺少安全感和歸屬感，埋下孤獨、冷漠、焦灼的性格種子。

　　另外，在武則天早年家庭關係中，武士彠處於中心地位，母親和兩位兄長處於輔助地位。父親去世後，兩位兄長襲父親爵位，躍居武家中心地位，母親地位直線下降。武則天姐妹始終處於從屬地位。也就是說，在武則天早年家庭關係中，男性始終處於中心地位，女性地位始終不高。我們知道，父親的去世是武則天生活環境惡化的開端。這很容易使她在潛意識中養成以父親為象徵的崇男心理。這對她日後的個性影響很大。

二、武則天與母親楊氏

　　武則天的母親楊氏出身高貴，是「隋宗室觀王雄弟始安侯達之女」〔註30〕，其父楊達與其兄楊雄和隋文帝楊堅、隋煬帝楊廣同出楊渠一系〔註31〕。弘農楊氏是中國的一大傳奇家族，始自西漢丞相楊敞。楊敞玄孫楊震在東漢光武帝時官居太尉，人稱「關西孔子」。其子楊秉、孫楊賜、重孫楊彪皆有楊震遺風，均官至太尉，稱為東漢「四世三公」。另外，楊震第五子楊奉的後代也世居高官。從「西晉三楊」（楊駿與弟楊珧、楊濟）到北魏楊播兄弟，無不顯赫一時。到了隋朝，弘農楊氏成為天下望族之首。除隋朝皇室外，越國公楊素及其子楊玄感等都是弘農楊家的著名人物。隋朝滅亡後，弘農楊氏中的楊姓「十一宰相」世家、唐太宗的楊氏群妃、武則天之母楊氏、唐玄宗的楊皇后、楊貴妃及眾多的楊氏男兒等均與李唐宗室或其他顯貴聯姻，顯示著這個關西望族的聲望。

　　楊氏早年篤信佛教，四十六歲時嫁給了喪妻並帶有兩子的唐王朝新貴武士彠。婚後夫妻感情良好，又育有三女。武士彠五十九歲時去世，時楊氏五十七歲。她帶著三個女兒安葬丈夫後，受到了武家族員的欺凌，不久就搬遷

〔註30〕陳寅恪：《金明館叢稿二編》，上海：上海古籍出版社，1980 年版，第 145 頁。
〔註31〕見〔宋〕歐陽修、宋祁：《新唐書》卷七一下《宰相世系一下》，北京：中華書局，1975 年版，第 2350 頁。

至長安，寄居在堂兄楊師道家。幾年後，次女武則天入宮為太宗才人。十幾年後，武則天二度入宮，成為高宗寵妃。楊氏迎來出頭之日，帶著長女及外孫、外孫女入宮，生活優裕，並借武則天之力報復了原先欺凌她的武家族員。長女和外孫女均得幸高宗，母女相繼先她而去。楊氏晚年和外孫賀蘭敏之有私。賀蘭敏之驕縱跋扈，處處與武則天作對。楊氏處處迴護，賀蘭敏之方免遭武則天毒手。楊氏九十二歲去世。不久，賀蘭敏之即以與楊氏有私等罪名被處死。

楊氏頗有愛女之心，對武則天尤甚。武則天入宮前一直跟隨母親生活。武士彠去世後，楊氏十分悲痛，一度有憑託佛教、長伴夫墓的想法，怎奈武則天「年居膝下，愛切掌中；理藉劬勞，方資顧復」〔註32〕，因此打消了主意。貞觀十一年（637），武則天奉召入宮前夕，楊氏傷心落淚，「慟泣與訣」〔註33〕，對女兒甚是不捨。在武則天立后前夕，楊氏忙著出謀劃策、四處奔走。裴行儉言「立武昭儀為后，以國家之禍必自此始」。當她從袁公瑜口中得知後，立即向女兒彙報。不久裴行儉就「坐左遷西州都督府長史」〔註34〕，算是幫女兒搬走了一塊絆腳石。高宗和武則天到長孫無忌家大施恩惠，不想遭到婉拒。楊氏又「詣無忌第，屢有祈請」〔註35〕。可見楊氏為武則天立后之事操心不少。楊氏還對武則天表示出了相當的理解和寬容。楊氏長女早年喪夫，後攜一子一女投奔發跡的武則天。其女魏國夫人「以後故出入禁中」，亦「得幸於上」。武則天「惡之」〔註36〕，設計將她鴆殺。楊氏對武家族員反感，然對三個女兒應是很疼愛的，對早年喪父的外孫女魏國夫人自然也有呵護之情。知女莫若母。楊氏出身皇室，應瞭解後宮爭鬥。魏國夫人死得蹊蹺，她應有所懷疑，然史書中未見她對武則天有過懷疑、責怪的記載。

〔註32〕 〔唐〕武三思：《望鳳臺碑》，見〔清〕董誥：《全唐文》卷二三九，北京：中華書局，2009年版，第3059～3065頁。

〔註33〕 〔宋〕歐陽修、宋祁：《新唐書》卷七六《則天武皇后傳》，北京：中華書局，1975年版，3474頁。

〔註34〕 〔宋〕司馬光：《資治通鑒》卷一九九「高宗永徽六年八月」條，北京：中華書局，1956年版，第6288頁。

〔註35〕 〔宋〕司馬光：《資治通鑒》卷一九九「高宗永徽五年十月」條，北京：中華書局，1956年版，第6287頁。

〔註36〕 〔宋〕司馬光：《資治通鑒》卷二〇一「高宗乾封元年八月」條，北京：中華書局，1956年版，第6350頁。

　　武則天也很孝順楊氏。貞觀十一年（637），武則天入宮，母親傷心落淚，她對母親說：「見天子庸知非福。」〔註37〕此言固然反映了她大膽冒險的性格，然還有安慰母親之意，意爲請母親不要擔心。畢竟當時母女處境不佳，她也只是一個十四歲的少女而已，不應對這句臨別贈言做過多的政治化解讀。武則天入宮後極力取悅太宗，除了爲個人前途考慮外，也不乏改變宮外母親境遇的想法。後來，她二次入宮，獲得高宗寵愛。從楊氏爲她立後事宜奔走來看，她在境遇稍好時就將母親接入宮中了。可見她對母親的一片孝心。此後她多次封賞母親。永徽六年（655），武則天立后，其年十一月楊氏被冊爲正一品的代國夫人，後又轉拜榮國夫人。楊氏隨女兒富貴後，向武氏族兄顯擺，碰釘子後向她告狀。她立刻爲母親出氣，上疏請出幾位兄長「爲遠州刺史」。武懷運的寡嫂善氏「尤不禮於榮國，坐惟良等沒入掖庭」。她「以他事束棘鞭之，肉盡見骨而死」〔註38〕。她對母親也忍讓不少。武則天的姐姐帶著一雙兒女寡居，無依無靠，也隨母親入宮。武則天的姐姐及其女均得幸於高宗。從武則天的性格看，是絕難忍受旁人分寵的。如果說二人在武則天懷孕時得幸高宗，當時她和王、蕭二妃爭寵，讓二人代爲固寵未嘗不是一個好辦法，對她們得寵尚能容忍一時，等到王、蕭身敗，其態度自然也會改變。有人甚至認爲，麟德元年（664）武則天召道士郭行眞行厭勝意在詛咒二人〔註39〕。如果說二人得幸是在其他時間，她就更難容忍了。韓國夫人早卒，魏國夫人受寵多年，直到乾封元年（665），她才借機將其鴆殺〔註40〕。與虐殺哦王、蕭二人相比，她對魏國夫人算是寬惠了。這極有可能是因爲楊氏尚在，她顧忌母親感受，故而隱忍多年。賀蘭敏之在魏國夫人死時「號哭不對」，引起了她的猜忌，還「韶秀自喜，烝於榮國，挾所愛，恍橫多過失」〔註41〕，甚至凌辱太子弘的未婚妻，調戲太平公主的侍女。因母親晚年與外孫賀蘭敏之有私，又處處迴護，她才一直隱忍不發，直到母親去世後才動手。這與她剷除

〔註37〕〔宋〕歐陽修、宋祁：《新唐書》卷七六《則天武皇后傳》，北京：中華書局，1975年版，第3474頁。
〔註38〕〔宋〕司馬光：《資治通鑒》卷二〇一「則天后乾封元年八月」條，北京：中華書局，1956年版，第6350頁。
〔註39〕雷家驥：《武則天傳》，北京：人民出版社，2001年版，第151頁。
〔註40〕〔宋〕司馬光：《資治通鑒》卷二〇一「高宗乾封元年八月」條，北京：中華書局，1956年版，第6350頁。
〔註41〕〔宋〕歐陽修、宋祁：《新唐書》卷二〇六《武士彠傳》，北京：中華書局，2000年版，第5836頁。

異己一向迅疾果決的作風大不相同。不難看出她對母親的體恤。需要指出的
是，由於賀蘭敏之的胡作非爲，她和母親的關係出現了一點變化。楊氏去世
後不久，她就上表「言敏之前後罪惡，請加竄逐」〔註 42〕，其中就包括賀蘭
敏之和母親有私一事，這顯然有損母親名節。可能是她早懷除掉賀蘭敏之之
心。楊氏鑒於魏國夫人之鑒，不願外孫也遭毒手，故而對其愛護有加。母女
關係因此有些微妙〔註 43〕。在此要提一下她爲母親作的一首詩：

> 陪鑾遊禁苑，侍賞出蘭闈。雲偈攢峰蓋，霞低插浪斿。
> 日宮疏潤戶，月殿啓巖扉。金輪轉金地，香閣曳香衣。
> 鐸吟輕吹髮，幡搖薄霧霏。昔遇焚芝火，山紅連野飛。
> 花臺無半影，蓮塔有全輝。實賴能仁力，攸資善世威。
> 慈緣興福緒，於此罄歸依。風枝不可靜，泣血竟何追。

（武則天《從駕幸少林寺》〔註 44〕）

詩中原有小序：「睹先妃營建之所，倍切縈衿，逾淒遠慕，聊題即事，用述悲
懷。」這首詩的寫作背景如下：武士彠去世後，武則天母女備受族人欺凌，
不得已遠走長安。母女四人相依爲命，十分孤苦。武則天境遇稍微好轉時，
母親已是古稀之人，妹妹已卒，姐姐帶著一雙兒女孀居。武則天將他們都接
入宮中。不想姐姐和外甥女均與丈夫有私，自己不得已忍耐良久。姐姐尋卒，
外甥女也被她鴆殺。母親因此十分傷心。外甥賀蘭敏之胡作非爲，由於母親
處處迴護，自己不得不再次強加隱忍。母親死後，她才將其正法。咸亨三年
（672），她和高宗駕臨少林寺遊玩。她也是想去看一看爲亡母在此建的一座
十層彌勒佛塔。她見塔還沒建好，想起以往種種，母親已逝，她生前最疼愛

〔註 42〕 〔宋〕司馬光：《資治通鑑》卷二〇二「高宗咸亨二年四月」條，北京：中華
書局，1956 年版，第 6367 頁。

〔註 43〕 趙劍敏在《楊氏與武則天的人倫關係》（選自趙文潤、李玉明主編《武則天研
究論文集》，太原：山西古籍出版社，1998 年版。）中說，在武則天晚年，楊
氏與賀蘭敏之互爲表裏，構建了幫助唐高宗維護皇權的政治派別，威脅到了
武則天的政治權力，而武則天是一個權力欲極強的人，所以才會撇開親情，
不顧母親名聲，在處置外甥賀蘭敏之時定其罪之一爲與楊氏通姦，這樣就可
以毀壞與她政見不同的楊氏一派的形象，將政治問題化作生活醜聞，同時避
免和高宗直接的政治衝突。而楊氏亡後武則天又給她舉行盛大葬禮，是武則
天爲了自身的體面和名譽而上演的一場行孝戲劇，亦不乏她對早期母女親情
的懷念。

〔註 44〕 〔唐〕武則天：《從駕幸少林寺》，選自〔清〕彭定求等：《全唐詩》卷五第 44
首，上海：上海古籍出版社，1986 年版。

的外孫也死了。武則天雖然一向心如鐵石，然想起母親生前的坎坷命運和種種好處，她還是不禁心軟。武則天詩中對母親的追念應是眞實的。楊氏去世後，她以王禮將母親葬於咸陽，時墓稱爲「楊氏墓」。葬禮尤其隆重，「文武九品以上及外命婦並詣宅弔哭」〔註45〕，贈魯國夫人，諡曰忠烈，尋又下制贈太原郡王妃，又令愛女太平公主「丐主爲道士，以幸冥福」〔註46〕。上元二年（675），她將母親生前居住的洛陽城內舊宅立爲太原寺，垂拱三年（687），將其改名爲「魏國寺」，天授二年（691），又改名爲「福先寺」。天竺高僧菩提流志、寶思雅、地婆訶羅、善無畏，唐朝高僧義淨、志辯、道丕、法藏等人都在福先寺從事翻譯佛經、創立密宗、弘闡律學、檢校三階教無盡藏等活動。這算是她對母親佛教信仰的尊重，希望母親常有佛伴，常有佛祐。臨朝稱制後，她追尊母親爲魏王妃，改其咸陽園陵寢曰「順義陵」。武周革命前夕，她追尊母親爲忠孝太后，革命後又追尊母親爲大周孝明高皇后，先後將其墓地改稱爲「明義陵」、「順陵」，後來又加「無上」二字，改順陵曰望鳳臺。長安二年（702）六月，武則天在陝西咸陽順陵爲母親立了一通巨碑——《大周無上孝明高皇后碑》，碑銘共四千多字，分別由武三思和相王李旦奉敕撰文和書丹。碑文詳述了楊氏的籍貫、姓氏起源、祖上職官爵位及其一生的經歷和美德。

　　楊氏作爲武則天童年時期最親密的人，對她的體質、性格等均有很大影響。楊氏一生沒有重大疾病，四十多歲先後生育了武則天姐妹三人，晚年和外孫有私，九十二歲方壽終正寢。可見她健康長壽，情慾旺盛，還有很強的生育能力。武則天顯然遺傳了母親的體質。她一生康健，情慾很旺盛，自六十二歲臨朝稱制起至八十二歲離開政治舞臺，身邊一直配有年輕面首。她的生育能力也很強，先後給高宗生育了五個子女〔註47〕，生養幼女太平公主時已經四十多歲了。強健的體魄、旺盛的精力和超強的生育能力對她的政治人生有著非常重要的作用。

〔註45〕〔宋〕司馬光：《資治通鑒》卷二〇一「高宗咸亨元年九月甲申」條，北京：中華書局，1956年版，第6365頁。

〔註46〕〔宋〕歐陽修、宋祁：《新唐書》卷八三《太平公主傳》，北京：中華書局，1975年版，第3650頁。

〔註47〕即李弘、安定公主、李顯、李旦和太平公主。本文認爲李賢並非武后親生，詳見本文第四章第二節。

　　武則天的父親出身山東（崤山以東）寒族。河北、山西民間普遍存在女性持家、男性懼內的風氣。武士彠忙於政務，楊氏極有可能是持家者。唐代女子教育又以母親為主。所以，武則天的家庭教育應該主要由楊氏負責。事實上，楊氏的不少性格也確實被武則天承繼下來，現總結如下：

　　第一，楊氏的高門修養對武則天影響深遠。弘農楊氏為關隴貴姓，其門第之高連當時的李唐王室都望塵莫及。楊氏出身高門，對女紅並不重視，卻明詩習禮，閱史披圖，頗能屬文，有著良好的文史素養。楊氏少女時曾寫「當使惡無聞於九族，善有布於四方」之箴言藏在牆壁之中。工匠修葺房屋時才發現，交付楊達。楊達稱她為「隆家之女」〔註48〕。後楊達隨隋煬帝征高麗，死於道中。楊氏為父親誦經追福，以至老大未嫁。楊氏後來在丈夫去世後受到夫家欺凌，然諸史中未見其有失儀失態之記載，應是她隱忍不發，只是「銜之」而未反抗。這些事頗能看出其高門修養和隱忍內向的性格。武則天少女時舉止優雅又有文才，《舊唐書》說她「美容止」，「素多智計，兼涉文史」〔註49〕，《資治通鑑》說她「巧慧，多權數」〔註50〕，《通典》說她「頗涉文史，好雕蟲之藝」〔註51〕，應與楊氏的言傳身教有關。武則天也善於隱忍，她初次入宮十幾年備受冷落，仍能恪盡職守，苦苦等待機會。二次入宮之初，她在情敵王皇后身邊侍奉，少不得低眉順眼，曲意逢迎。她剪除政敵時，也能伺機而動，絕不魯莽。她的美麗和優雅是她進宮的前提和條件，她的才華和性格是她取得後宮鬥爭勝利的重要原因。這應與母親的影響有關。

　　另外，《舊唐書》中提到武則天幼年時身著男裝，還提到她初次入宮後在太宗面前賣弄馴馬術。關於唐前期貴族女性女扮男裝現象的原因，研究者解說不一，但是這與李唐皇族出身胡族、喜著胡服、尚武開放的文化精神有關，應該是沒有異議的。騎馬也與李唐皇族出身胡族有關。這種風氣直接體現在初唐和盛唐時期的上層貴族婦女當中。騎馬成為貴族婦女的一種風尚。楊氏出身前朝皇族，娘家與李唐皇室也有姻親關係，多少都會受到這種貴族風尚

〔註48〕　〔唐〕武三思：《大周無上孝明高皇后碑銘（並序）》，見〔清〕董誥：《全唐文》卷二三九，北京：中華書局，1983年版，第2417～2423頁。

〔註49〕　〔後晉〕劉昫等：《舊唐書》卷六《則天皇后本紀》，北京：中華書局，1975年版，第115頁。

〔註50〕　〔宋〕司馬光：《資治通鑑》卷一九九「高宗永徽五年三月庚申」條，北京：中華書局，1956年版，第6284頁。

〔註51〕　〔唐〕杜佑：《通典》卷一五《選舉三》注，北京：中華書局，1988年版，第357頁。

的影響。武則天在這樣的家庭環境中成長，自幼身著男裝，對騎馬、射獵等技藝也應有所涉獵。入宮後，她擔任文武雙全的才人一職，在太宗面前滔滔不絕地賣弄馴馬術，其自信可能就與此有關。

第二，楊氏良好的自我調適能力和變通能力對武則天影響深遠。一般來說，不少大齡未婚者由於長期的情感壓抑，缺乏與異性的親密溝通，往往會出現一些生理問題和心理問題，如生理退化、溝通能力欠缺等。楊氏初嫁時四十六歲，史書中未見她年輕時期的情事和婚史資料。也就是說，她年輕時極有可能承受過長期的情感壓抑，然她婚後與丈夫感情良好，連生三女，說明其心理並未出現太大問題，也未出現生理退化的情況。她晚年還與外孫有私，可見其情慾一直到晚年尚未完全衰退。與之相對應的是，她的變通能力也很強。楊氏出身前朝皇室，時高祖父子起兵反隋，其父楊達死於遠征高麗途中。楊氏為亡父誦經祈福，大齡未嫁。高祖建唐代隋可以說是楊氏國破家亡、老大不嫁的根本原因。經歷過國破家亡的大災難和大齡未嫁的個人不幸，她能在四十多歲時放下門第之見，接受高祖的婚配安排，嫁給新朝政治暴發戶武士彠做繼室（武氏家族可以說是導致她人生不幸的幫兇），婚後還與丈夫琴瑟和鳴，感情良好。可見其變通能力非同常人。丈夫死後，她悲痛欲絕，又受到夫家欺凌，她隱忍不發，帶著三個女兒寄居長安堂兄楊師道家，不久次女武則天就離她入宮而去。十幾年後，武則天在高宗朝境遇好轉，接她入宮。在這十幾年的歲月裏，幼女早卒，長女帶著一雙兒女孀居。她入宮後的生活也不平靜，先為次女立后四處奔波，後長女先她卒去，外孫女也被次女鴆殺。這些接二連三的重大人生變故都沒能損害她的健康，摧毀她的精神堤壩。她在九十二歲時壽終正寢。可見她在惡劣的生存環境中，具有很強的自我調適能力和變通能力。

武則天也是如此。父親離世後，她小小年紀飽受兄長欺凌，初次入宮後忍受了長達十幾年的深宮寂寞，出宮後又是一年多青燈古佛的清苦生活，其承受的情感壓抑和孤苦寂寞可想而知。二度入宮後，她雖被高宗寵幸，榮為皇后，然好景不長，顯慶五年（660），她三十七歲，高宗患病，此後二十多年一直未能痊癒，直到弘道元年（683）駕崩。期間，高宗身邊不時出現其他女性，想必她的情感欲望也長期處於抑制狀態。武則天在親情方面也遭受了不少傷痛，長女早夭，其餘兒孫中除卻太平公主外，不是體弱多病，先她而去，就是與她感情不和，日漸疏遠，再不就是因爭奪權力與她矛盾不斷，

然她一生從未有過重大疾病，在中老年時期日理萬機，表現出了驚人的生命活力。臨朝稱制後，國家大事接連不斷，徐敬業之亂、宗室諸王叛亂等相繼爆發，她均能運籌帷幄，從容鎮壓。神龍政變時，她已是八十二歲高齡的老人。面對包圍病榻的政變隊伍，她亦能臨危不亂，從容應對。失去權柄後，白髮蒼蒼又飽受打擊的她還在上陽宮活了將近一年，可見她強大的生命韌性。

第三，楊氏的雙重性格對武則天影響很大。從史書記載來看，一方面，楊氏出身高貴，常年禮佛，內向隱忍，頗有高門閨秀的風範，另一方面，她又爭強好勝，好記私仇，愛炫耀誇示，前文提及楊氏境遇好轉後刻意置酒誇耀一事即是明證。當時武則天已貴為皇后，不計前嫌地對武家族兄封官行賞。武家族兄稍有頭腦都會有羞慚和反思之意。楊氏還要專門「置酒」，刻意挑明，無非是想看他們尷尬悔恨之態，以解舊日之恨。其實，楊氏若此，即便他們有悔過之意，也會因為臉上掛不住說些不領情的話。楊氏如此心胸狹窄，善記私仇，淺薄張揚，乍看與其高門出身和禮佛修養甚是矛盾。其實，這並不難理解。這是她經過重大創傷後的自卑心理在作怪。試想，楊氏門第高貴，教育良好，然李唐建國戰爭中，隋朝王室地位岌岌可危，楊氏家族的財產必然隨之減少，名望也會因此受到衝擊，楊家前景並不明朗，楊氏的婚配對象也因此很難有準確的定位。大業八年（612），楊氏伯父楊雄和父親楊達死於遠征高麗途中，當時她已經三十四歲了。唐朝女性通常在十三至十八歲之間結婚，而以十五歲最多〔註52〕。此時她顯然過了適婚年齡。《望鳳臺碑》中說她哀於父喪，希望憑託佛教，「永奉嚴親，長棲雅志」〔註53〕，表示已索性不願婚嫁，祈福父靈。李唐建國後，她在高祖撮合下得嫁武士彠。此時她已經四十六歲了，可見前番未能婚嫁有頗多無奈的成分。試想，楊氏這樣一位高門閨秀，經歷了國破家亡、喪父家衰又老大不嫁等各種人生不幸，極易產生自卑心理。這種自卑心理往往以自負的形式表現出來。楊氏嫁到武家後，面對滅隋建唐有功、門第寒微又素養不高的武家族員，她極有可能非常自尊敏

〔註52〕根據毛漢光《唐代家庭婦女角色的幾個重要時段——以墓誌銘為例》，《國科會研究彙刊：人文及社會科學》，1991 年第 2 期。根據統計，唐朝三千餘例中，女子婚年最小者 10 歲，最大者 24 歲，而以 15 歲者最多，睿宗以前平均婚年是 15.6 歲。其統計可供參考，然武后之母應未列入統計。

〔註53〕〔唐〕武三思：《望鳳臺碑》，見〔清〕董誥：《全唐文》卷二三九，北京：中華書局，2009 年版，第 3059～3065 頁。

感，並潛意識地突出其門第以掩飾之。也就是說，楊氏雖然自我調節能力很強，又篤信佛教，然其坎坷不幸的人生經歷也給她留下了難以抹去的心靈痕跡。

楊氏這種性格對武則天也有影響。這種雙重性格使得性格主體很不安分，處處揚露。武則天也多有張揚淺薄之舉，如光宅元年（684），武則天除掉了徐敬業、裴炎、程務挺三員不附己之重臣，頗有成就感，特意召集群臣訓話，言：「爵位富貴，朕所與也。天下安佚，朕所養也。」並進一步警告群臣：「今為戎首皆將相，何見負之遽？且受遺老伉扈難制有若裴炎乎？世將種能合亡命若徐敬業乎？宿將善戰若程務挺乎？彼皆人豪，不利於朕，朕能戮之。公等才有過彼，盍為之。不然，謹以事朕，無詒天下笑。」〔註54〕這些話是相當自負淺薄的，以至於司馬光不相信出自武則天之口，未將其載入《資治通鑑》。其實，當時來勢兇猛的軍政危機剛剛解除，滿朝文武心有餘悸，以武則天好大喜功、愛樹私威又好張揚顯示的性格來看，如此狂言並不出奇。其實，此時武則天臨朝稱制不久，朝野皆有疑慮。她在短期內掃除叛亂，天下皆知其威，這場高調的政治秀有些畫蛇添足。不久，她也流露出了與之不相稱的自卑心態。史載徐敬業叛亂平息後，她「疑天下人多圖己，又自以久專國事，且內行不正，知宗室大臣怨望，心不服，欲大誅殺以威之」，「乃盛開告密之門」〔註55〕。她對告密者提供了種種優厚待遇，「有告密者，臣下不得問，皆給驛馬，供五品食，使詣行在。雖農夫樵人，皆得召見，廩於客館，所言或稱旨，則不次除官，無實者不問」。在她的鼓勵下，「四方告密者蜂起」〔註56〕，又欲「周知天下事」，廣開言路，命人鑄銅為匭，四方可投表疏，可入不可出，其中北曰：「通玄」，「言天象災變及軍機秘計者投之」〔註57〕，其實就是告密渠道。這種敏感多疑行為與前番狂妄自大的心態形成了鮮明的對比。武則天的這種雙重人格還有很多表現，如她欲立后時，褚遂良等人以門第為由表示反對。她在簾後破口大罵，甚是失態。立后不久，她就讓高宗修改《姓氏錄》為《氏族志》，將武家門第提為第一等。臨朝稱制後，她大力提

〔註54〕〔宋〕歐陽修，宋祁：《新唐書》卷七六《則天武皇后傳》，北京：中華書局，1975年版，第3479頁。

〔註55〕〔宋〕司馬光：《資治通鑑》卷二〇三「則天后垂拱二年三月」條，北京：中華書局，1956年版，第6438頁。

〔註56〕〔宋〕司馬光：《資治通鑑》卷二〇三「則天后垂拱二年三月」條，北京：中華書局，1956年版，第6438～6439頁。

〔註57〕〔宋〕司馬光：《資治通鑑》卷二〇三「則天后垂拱二年三月」條，北京：中華書局，1956年版，第6437頁。

拔寒素，打擊傳統士族，然她在嫁愛女太平公主時，因不願女兒和田舍女做妯娌，竟要求駙馬的兄弟出妻。她這些矛盾行為流露出她既自卑又自負的雙重心理，與母親非常相像。

第四，楊氏篤信佛教對武則天影響深遠。楊氏受家族影響，終生崇信佛教。前文提及楊氏為父親誦經追福以至大齡未嫁，其崇信佛教可見一斑。《大周無上孝明皇后碑銘並序》言武士彠死後，楊氏「哀深杞堞……銜冤負痛……方祈淨業，敬託良緣，憑慧炬於幽途，艤慈舟於覺海。於是心持寶偈，手寫金言，字落貫花，詞分半月。龍莊豈及，象負難勝，將佛日而長懸，共慈燈而不滅。及龍旐次，蜃紼遵途，永惟憑附之誠，願託丘榛之側」〔註 58〕。可見其佛教信仰之深，這對武則天影響很深。陳寅恪就說武則天信仰佛教是「家庭環境佛教之薰習」〔註 59〕。在濃鬱的佛教氛圍中，她自幼耳濡目染，熟悉佛教，親近佛教，自稱「朕爰自幼齡，歸心彼岸」〔註 60〕，「朕幼從釋教，夙慕歸依」〔註 61〕。長壽元年（692），她「禁天下屠殺及捕魚蝦」〔註 62〕，顯然是遵從佛教不殺生的教義。其年號也多與佛教有關，如有一年就因「成州言佛跡見，改元大足」〔註 63〕。又如年號「證聖」。「證聖」是佛教用語，即證人聖果之義。其改元「證聖」顯示出武周立國以來政績卓著，幾近「證入聖果」之境地。她還在政治上多次向佛教求助，如建立武周萬國天樞極有可能就是受到了阿育王石柱、圖拉真圓柱等西域紀念性建築文化因素的影響〔註 64〕，她甚至還借佛家淨地安置她的面首。

第五，楊氏使武則天產生了相當嚴重的崇男心理。首先，楊氏嫁到武家之後，和其他封建女子一樣，當然希望通過生子來提高自己在夫家的地位。

〔註 58〕 〔唐〕武三思：《大周無上孝明高皇后碑銘（並序）》，見〔清〕董誥：《全唐文》卷二三九，北京：中華書局，2009 年版，第 2417～2423 頁。

〔註 59〕 陳寅恪：《武曌與佛教》，選自陳寅恪著《金明館叢稿二編》，上海：三聯書店，2001 年版，第 153 頁。

〔註 60〕 〔唐〕高宗武皇后：《方廣大莊嚴經序》，見〔清〕董誥：《全唐文》卷九七，北京：中華書局，2009 年版，第 1000～1001 頁。

〔註 61〕 〔唐〕高宗武皇后：《三藏聖教序》，見〔清〕董誥：《全唐文》卷九七，北京：中華書局，2009 年版，第 1002 頁。

〔註 62〕 〔宋〕司馬光：《資治通鑒》卷二〇五「則天后長壽元年五月丙寅」條，北京：中華書局，1956 年版，第 6482 頁。

〔註 63〕 〔宋〕司馬光：《資治通鑒》卷二〇七「則天后長安元年正月丁丑」條，北京：中華書局，1956 年版，第 6554 頁。

〔註 64〕 張乃翥：《武周萬國天樞與西域文明》，《西北史地》，1994 年第 2 期。

兩個年齡不小的繼子身上流淌著寒族血液，武士彠自然希望出身高門的楊氏為他生育血統高貴的兒子。若說她生育長女時，可能因並未喪失生育能力感到欣慰的話，其二胎懷孕武則天時，她生男的願望會更加強烈。現代醫學與現代心理學證明，孕婦的意願會對胎兒的原發心理影響巨大，因為「胎兒的環境是母體，和母親是一個整體，共同攝取營養，體驗情感。母親的感受都原封不動地傳給了胎兒」〔註65〕。生下武則天後，楊氏很失望，三度生女後，不久就將武則天送進皇澤寺做了幾年沙彌尼〔註66〕，其心境可想而知。幼年的武則天早就嘗到了青燈孤寂。這種因為非男兒即被冷落的經歷很可能使她產生焦慮不安情緒，繼而產生崇男心理。實際上，楊氏也極有可能在她身上寄予了濃重的崇男情感。武則天幼年時，袁天綱為武士彠子女看相，父母讓武則天「衣男子衣服」示人〔註67〕。楊氏的這種養女方式極有可能進一步強化武則天與生俱來的男性化氣質。再者，前文提及楊氏少女時將箴言藏於牆壁之中，可見其性格內斂，加之崇信佛教，善於隱忍，其內斂的女性氣質可能對武則天影響甚微。實際上武家的頂樑柱一直是武士彠。這種家庭模式注定了武則天的性格受父親影響更大，使她自幼就更認同男性身份。父親去世後，母親因為沒有生子等原因在武家地位不穩，武則天姐妹亦受盡欺凌。母親空有愛女之心，卻無力改善。母女的艱難處境更激發了武則天的崇男心理。她也確實不時露出男子般的英氣。少年時期的她就有一番冷酷果決的馴馬言論。成人後，她處理起情敵、政敵來也乾脆果決，極少拖泥帶水，還像男子一樣稱帝天下、配置後宮，讓面首塗脂抹粉做女子裝扮，這都是她崇男心理的流露。

第六，楊氏的母族關係對武則天也有不少幫助。弘農楊氏是大姓，許多隋朝皇室都是楊氏族人。楊氏在長安甚至在太宗後宮都有一些親戚關係。長孫皇后去世後，太宗一直沒有立后，地位僅次於皇后的韋貴妃地位最高，實際上楊家在後宮的勢力比韋貴妃還要大。太宗共有十四子，除卻長孫皇后生的三子和韋貴妃生的一子外，其餘十子中，有六子與楊氏妃嬪有關：楊氏（隋

〔註65〕〔日〕齋藤勇：《人際關係心理學》，北京：中國和平出版社，1987年版，第20頁。

〔註66〕五代時的後蜀君主孟昶撰寫的碑文《利州都督府皇澤寺唐則天后武氏新廟記》可證實。

〔註67〕〔唐〕劉肅：《大唐新語》卷一三《記異第二十九》，北京：中華書局，1984年版，第193頁。

煬帝女）生三子恪，又生六子愔，德妃燕氏生八子貞，又生十一子囂，另一楊姓妃嬪生子十三子福，原齊王妃楊氏被太宗收納，生十四子明。楊氏即隋煬帝之女，德妃即楊氏伯父楊雄之外孫女燕氏，原齊王妃楊氏是楊雄的孫女輩。原齊王妃楊氏一度受寵，還差點被立爲皇后。可見長孫皇后去世後，楊氏家族在後宮勢力之大。因此，貞觀十一年（637）太宗選妃時，楊氏群妃應有不小的發言權。武則天作爲楊門外女，中選的幾率就很高了。關於她入宮的原因，諸史均言是由於太宗聞其美名、才名，很可能就是楊氏群妃爲了擴大勢力在太宗面前不斷吹風之故。楊氏家族在後宮勢力強大，無疑給初入宮的武則天增添了底氣，這或許亦是其馴馬辦法雖不討太宗喜歡，然並未見貶斥的原因。武則天在太宗朝任才人職務長達十餘年，未見與他人發生矛盾、犯錯受懲的記載。太宗晚年，她與年輕的太子治產生了私情，宮中人多眼雜，此事亦未見人告發，或許就與楊氏群妃的羽翼有關。武則天入宮後也確實得到了楊氏群妃的照顧。以德妃燕氏爲例，按說她的母親和武則天的母親是堂姐妹，她也就是武則天的表姐，關係十分親近。武則天在宮中可能得她幫助不少，對她極爲尊敬。高宗泰山封禪，當時已是越國太妃的燕氏在武則天的安排下，與她共同主持終獻，可謂榮寵已極。她去世後，武則天極爲哀痛，令寺觀爲她度二十七良人，更爲她造佛陀繡像二尊，親筆製銘繡於座下，有「弟子緬懷平昔，姻好特隆。今古忽殊，追愴何極」之言〔註68〕，給予這位表姐極高的禮遇和敬意。傳說燕氏自小就是一位過目不忘的神童，因才慧在十三歲時被招入秦王府，有長期的後宮生活經歷，「很讓人懷疑她在武則天入宮後代替了其母楊氏的地位，是武則天入宮的引薦人和人生經驗上的領路人」〔註69〕。

此外，楊氏情慾旺盛，晚年和外孫賀蘭敏之有私，武則天晚年也對年少貌美的二張情有獨鍾，似乎母女在異性審美上也相類。

不難看出，武則天的父母給予她的，一方面是上流社會的花團錦簇、榮華富貴，一方面是一時難以抹掉的寒門根底。前者滋養了她無限的權勢欲，後者使她使她飽受世俗的歧視。這種尷尬境遇極易使她產生提高政治地位的

〔註68〕〔清〕陸心源撰，吳鋼主編：《全唐文補遺‧大唐故越國太妃燕氏墓誌銘》第二輯，西安：三秦出版社，1995年版，第240～242頁。

〔註69〕燕妃生平見《大唐越國故太妃燕氏墓誌銘》，刊《昭陵碑石》，西安：三秦出版社，1993年版。其母是隋太尉、觀王楊雄的第三女（即武則天母親的堂姐），所以燕氏是武則天的表姐。

強烈需求。再者，武士彠早年參與高祖起兵，楊氏原爲隋朝舊室，夫妻二人還經歷過玄武門事變，非常清楚李家王朝的來龍去脈。在這種家庭中成長起來的武則天很可能從小就對皇權缺乏敬畏之心，並不把皇權當做天命所賜，而是可以通過鬥爭得到的物品。這更容易滋長她的權力野心。同時，武則天的父母還給予了她健康的體魄和積極進取、堅韌不拔、隱忍多謀的性格。這無疑是她實現政治野心的前提和條件。另外，族人的欺凌、母親的無助又使她產生了報復心理，形成了狠辣的行事作風。也就是說，武則天強烈熾熱的權力欲望和冷酷無情的女皇性格已在早年人性和命運的衝突和交互影響中逐漸形成。

第二節　武則天早年的家庭關係及對武則天的影響

上一節詳述了武則天父母的門第、性格等因素對她的影響。在武則天的早年生活中，其家庭關係對她影響甚巨（包括父母、兄弟、姐妹之間的關係）。她十二歲的時候，家庭發生了重大變故，武則天母女的生存環境迅速惡化，武則天的人格也因此得到了豐富和強化。

學界一般認爲，武則天的父母感情良好，武則天的童年生活十分幸福。其實這只是表面現象。實際上，武家家庭關係十分複雜，看似平靜的生活下面隱藏著洶湧的暗流。武士彠和楊氏均未能妥善處理家庭關係，導致家庭矛盾在武士彠去世後集中爆發。本節試探討之。

一、武則天早年家庭生活真相及對武則天的影響

提起武則天父母的婚姻，一般人都認爲兩人婚後感情良好，楊氏是賢內助，武士彠仕途順利，與楊氏「實資陰助」大有關係 [註70]。其實，這並非武則天父母婚姻生活的全部。筆者根據史料將其婚姻生活及其對武則天的影響總結如下：

第一，武氏夫婦婚姻的結合點對武則天影響深遠。楊氏出身高門，自幼禮佛自持，常年與琴棋書畫相伴。武士彠出身農民，自幼黃土滿身，後多行走於市井江湖之間。二人的生活可以說是天壤之別，他們的結合與二人身份

〔註70〕〔唐〕武三思：《大周無上孝明高皇后碑銘（並序）》，見〔清〕董誥：《全唐文》卷二三九，北京：中華書局，2009 年版，第 2417～2423 頁。

地位的巨大變化有關。隋亡後，楊氏國破家亡，又大齡未嫁，想必看盡世事變幻，嘗盡世態炎涼，唯一能改善處境的只有婚姻。楊氏嫁給新貴武士彠就可以延續往日的榮華富貴。武士彠經過多年的個人奮鬥得到了高官厚祿，然其寒門根底一時半會難以更換。以他的財富功名，再找一位年輕貌美的繼室並非難事，然他選擇了已經四十多歲的未婚女性楊氏，顯然並非遲來的愛情衝昏了頭腦。一向精明過人的武士彠看中的應是楊氏的門第和修養，欲借再婚進一步拉近與李唐皇室的關係，鞏固既得利益。二人的結合是皇帝牽線，公主主婚，雙方各取所需，皆大歡喜。這種以富護貴、以貴抬富的婚姻中有相當濃重的功利色彩。二人婚後感情良好，與他們對婚姻的功利性訴求能夠互相滿足有很大關係。作爲他們的女兒，武則天自幼就與一般天眞做夢的姑娘不同，她天生就會審時度勢，處事現實功利，骨子裏有一股子天然的實幹家氣質。這是一個成功的政治家必不可少的素質。無論是武則天初次入宮前的自如心態，長期受到冷落後轉向年輕的太子進行情感投資，還是後來處理與兒子、朝臣和面首的關係，她都能做到既不糾結於人倫觀念，亦不爲情感牽絆，還善於從中謀利。這種現實功利的心態是她獲得長久成功的重要原因。另外，武士彠選擇楊氏爲繼室可能與其容貌也有關係。楊氏長女韓國夫人守寡後得幸高宗，外孫女魏國夫人亦得幸高宗，另一外孫女太平公主也是美貌異常。據此看來，楊氏本人極有可能相貌出眾，即使到了四十多歲依然貌美如花，加之高門修養，頗具女性魅力，讓武士彠甚是傾心。武則天也是如此。史載她以「美容止」〔註71〕入宮，後來又以其獨特的女性魅力征服了高宗，似乎都與母親的遺傳和影響有關。

第二，武氏夫婦的婚姻生活對武則天影響頗深。史載武氏夫婦關係良好，實際上他們的婚姻生活還是存在一些問題的。《望鳳臺碑》載，武士彠去世時，楊氏很傷心，一度有長伴夫墓的想法〔註72〕。這種情感失落除卻多年的夫妻之情外，也與失去生活保障有關。一般來說，在帶有子女的再婚家庭中，家庭關係非常複雜，也非常難處。因爲他們不光要在生活習慣上互相適應，還要在感情上互相接納。一般來說，再婚男子都希望找一個能照料好

〔註71〕 〔後晉〕劉昫等：《舊唐書》卷六《則天皇后本紀》，北京：中華書局，1975年版，第 115 頁。

〔註72〕 〔唐〕武三思：《望鳳臺碑》，見〔清〕董誥：《全唐文》卷二三九，北京：中華書局，2009 年版，第 3059～3065 頁。

前妻孩子的繼室。一般而言，女性往往很難像對待親生子女那樣源源不斷地對繼子、繼女付出母愛。若是與之有利益衝突，則母愛更會減少。楊氏初為繼母時，雖然出身高門，修養良好，然畢竟沒有為人母的經驗，加之兩個繼子年齡已經不小，且出身低微，修養自然不能和高門相比。他們又不太接受楊氏。因此，楊氏若要讓武士彠滿意，必須有意識地做出努力，加倍疼愛兩個繼子才行，然楊氏出身很高，想必自幼優越感很強，父親楊達去世後她堅持不嫁也有不願屈就之意。嫁到武家後，她不僅要適應武家的寒門生活，還要面對兩個年齡不小的繼子。這對於楊氏來說，想必是其婚姻的兩大不如意之處。可以想見，楊氏即便對兩個繼子有關懷憐惜之意，可能也不會與他們相處得特別愉快。她應該十分盼望早日生子以取代兩個繼子在武家的地位。從武士彠的角度來看，前妻及兩子相繼病死，他都未能探望，想必會對幸存的兩個兒子心懷愧疚，自然也希望繼室楊氏能善待他們。楊氏婚後未能生育男兒，此二子在武家的地位不會因楊氏母女而動搖。因此，夫婦二人極有可能就如何對待兩個兒子的問題上產生一些矛盾。史書中對此並未提及，然就武士彠死後此二子欺凌楊氏母女的情形來看，他們以前相處得並不愉快。根據日後此二子抬出父親與繼母頂嘴的情形來看，武士彠並非完全倒向楊氏母女。楊氏畢竟沒有子嗣，對於丈夫的護犢行為應是無可奈何的，即便不喜兩位繼子，亦不敢有所動作。此二子尊重懼怕父親，即便排斥楊氏母女，亦不敢擺在明處。這些矛盾雖未嚴重影響武家夫婦的關係，然亦是一種不和諧的家庭因素。生活其間的武則天當然也會有所感受。她自幼見慣了兄長的不友好、母親的隱忍和父親的妥協調停。她日後與眾不同的性格和精神失調可能就與這些矛盾紛雜的家庭問題有關。

　　第三，武則天兄弟姐妹的關係對武則天也有影響。在這樣關係複雜的家庭中，武則天姐妹與兩個異母兄長的關係應該不會很好。楊氏呵護疼愛三個女兒，兩個繼子對妹妹們自然不會友好，只不過礙於父親，不敢對她們如何，只能投以厭惡冷漠的眼神。關於武則天三姐妹早年的關係，諸史並無記載，學界關注極少，筆者試做一番探究。根據女性的生育規律來看，楊氏四十六歲再嫁，至少要一年左右才能生育長女，五十歲以後女性生育的可能性極小。也就是說，楊氏極有可能在四年內連生三女，武則天三姐妹的年齡差距很小。可以想見，在年紀相仿的眾多姊妹中，一般情況下，中間那個孩子受

到的關注最少。前文提及武則天在妹妹出生後就被送到皇澤寺作了幾年沙彌尼，就可看出這一點。然在三姐妹中，武則天無疑是才貌最突出者，三姐妹中唯獨她得選入宮即是明證。從這種資源分配和個體表現不相稱的情況來看，幼年的武則天極有可能自覺受到家庭忽視，為引起父母關注加倍努力表現。此外，姐妹關係與兄弟關係又有所不同。女孩往往性格細膩，心性敏感，攀比思想嚴重。若是姐妹年紀相仿，都如花似玉，又是愛美好爭的年紀，往往因爭奪父母寵愛等家庭資源而斤斤計較，心生嫌隙。武則天姐妹之間是否如是，並無史料記載，然武則天初次入宮前，史書中只見其母傷心落淚，未見其姐妹對她有不捨之意，似能說明一些問題。我們亦可根據她們日後的姐妹關係來推知前情。武則天的妹妹未能等到武則天發跡就早卒而去。從現存史料來看，武則天從未追封過妹妹，說明她對妹妹感情一般。武則天與大姐的關係倒是值得一觀。武則天發跡後，寡居帶著一雙兒女的大姐隨母親楊氏入宮投靠，被封為韓國夫人，亦得高宗寵幸。從高宗性格來看，韓國夫人被迫的可能性不大。韓國夫人當時是寡居少婦，按說一生孤苦的命運已無可挽回，除非再嫁。皇帝妹夫喜歡她，她可能壓抑不住女性欲望迎合之，然沒有顧忌皇后妹妹的感受。這極有可能是出自女性的虛榮心，是對皇后妹妹的一種嫉妒和嘲諷。韓國夫人之女魏國夫人亦得幸高宗，也未顧忌她的感受。韓國夫人之子賀蘭敏之亦對她心懷不滿，還依仗與外祖母的私情放縱跋扈，處處與她作對。這一雙兒女的表現極有可能就是受到母親影響之故。武則天也並非庸懦之人。韓國夫人入宮後尋卒的原因史無記載，若非出自武則天毒手，也與她施以眼色有關。其一雙兒女死於武則天之手倒是有明文記載的。按說武則天有過十幾年的冷宮生涯，備嘗艱辛才得以重新入宮，對同樣長期情感壓抑又孤苦無依的姐姐應心懷同情，再說姐姐已是帶有兒女的孀婦，即便得幸高宗，也很難被收為妃嬪，沒有必要與之過份計較。魏國夫人亦未見其有篡奪皇后之位的野心，按說武后作為姨娘，亦無必要與之過份計較。賀蘭敏之雖與母親楊氏有私，按說此等家醜也以掩飾為宜。武則天的處理方式說明她早年和姐姐的感情並不深厚。武則天對同齡女性有相當的防備攻擊心理，這從她對待情敵的殘忍無情上就可看出。史料記載她模仿呂后虐殺戚夫人的辦法，將高宗二妃王氏、蕭氏製成「人彘」，其殘忍可能就與早年對地位相仿女性的嫉妒和競爭心理有關。

綜上所述，武則天早年的家庭關係表面看似波瀾不驚，實則暗藏重重矛盾。武士彠本人由於早年愧對原配妻子而變得心事重重，難免對繼室楊氏有所期望。楊氏則因為需要適應寒門生活，處理和武家繼子的關係，逐漸適應沒有生子的生活，而需要一番較大的心理調整，加之需要處理三個女兒和繼子的關係，內心也充滿了矛盾。武則天兄弟姐妹由於生母不同、年紀差距小等問題亦存在種種矛盾。這些矛盾可能極少顯露在外，但這種家庭氣氛和心理狀態對幼年的武則天有潛移默化的影響。她的人格也由此變得具有鬥爭性和矛盾性。宮中帝王和后妃極不平衡的夫妻關係、帝王和群臣極不平衡的君臣關係、她在宮中的卑微地位都與其早年家庭結構有一定的相似性，妃嬪渴盼生子的心情也與母親十分相似。也就是說，武則天在家庭中形成的世界觀和人生觀在入宮後有可能得到了強化。需要指出的是，武家這種深層次的情感、財產矛盾倒不至於外現，因為武家家境十分優越，武士彠的仕途總體還算順利，一時並無重大變故，楊氏雖不喜兩個繼子，亦不至虐待，這幾個孩子也由於父母的周旋調停而不至發生激烈衝突。很多關於武則天的傳說反映她的童年生活十分幸福：其是一個擁有超自然力量的聰慧少女，整天在山林和綠野間到處亂跑，金口玉牙地施以各種神跡。如宋人筆記《嶺外代答》載：「廣右人言武后母本欽州人。今皆祀武后也。冠帔巍然，眾人環坐。所在神祠，無不以武為尊。巫者招神，和曰武太后娘娘，俗曰武婆婆也。」〔註73〕這種傳說當然不能成為信史，應是民間對武則天喪父前優越生活的一種揣測，但這一切都因父親的去世而改變了，武家潛藏的矛盾暗流也隨之浮出水面。

二、武士彠之死

前文已述，武則天的早年家庭關係複雜，想必其幼年的情感體驗要比同齡貴族少女更加豐富。貞觀九年（635），武士彠病逝。武則天母女在武家失去依傍，受到武家族員欺凌。是年，武則天十二歲。喪父是她童年生活的分水嶺，因此有必要深入探尋武士彠的死因。

關於武士彠的死因，《攀龍臺碑》中言，貞觀九年（635）五月，高祖崩逝，武士彠聽到消息後十分悲痛，「因以成疾」。太宗屢遣名醫診治，武士彠

〔註73〕 〔宋〕周去非：《嶺外代答‧誌異門》，北京：中華書局，1999年版。

仍因醫治無效而死。武士彠死後，太宗命并州大都督李勣主辦喪事，棺木及喪葬費用都由政府支給，並遵死者遺囑，將靈柩運回并州老家安葬〔註74〕。

學界一直將此說法當成史實〔註75〕。其實，這只是表面現象。先來看一下武氏家族的健康狀況。武氏家族出現過不少早卒暴亡的情況。武士彠和前妻相里氏生育的四子中有兩子早早病死，武士彠兄長子武懷亮也是「早卒」〔註76〕，原因不明。當時武家已是富商之家，此三人之死應非貧病無醫所致，可能是武士彠兄弟參與高祖起兵，武家上下整日擔驚受怕、煩心憂慮導致的健康惡化。武則天的妹妹出嫁後「早卒」〔註77〕，原因不明，可能是早年喪父、族兄欺凌等事引起了健康惡化。武則天的姐姐韓國夫人早寡，後來「以後故出入禁中」，「得幸於上」，也「尋卒」。按說韓國夫人早年多蒙不幸，入宮後生活大有改善，不應早卒。根據後來武則天鴆殺韓國夫人之女魏國夫人之事來看，想必武則天對她也甚「惡之」〔註78〕。若非死於武則天之手，那麼也可能是心理因素所致。試想，她得幸於妹夫高宗，然育有子女的孀婦終究不便納入後宮。妹夫性格懦弱寬厚，皇后妹妹強勢善妒，母親有賴於妹妹，也不能為她撐腰。此類宮闈秘事又不便訴與他人，她只能強顏歡笑。這種錯綜複雜的人際關係估計給她帶來了不小的心理壓力。武則天的異母兄長武元慶、武元爽被武則天流貶外地，先後在貶所「以憂卒」〔註79〕，顯然是擔心遭到報復所致。武則天的侄子武承嗣在李顯立為太子後，「恨不得為太子，意怏怏」，不久「病薨」〔註80〕，顯然與多年謀求太子未果導致的絕望心理、擔憂日後武家處境不善有關。不難看出，武家族人的這種情況一方面可能與遺

〔註74〕 〔唐〕李嶠：《攀龍臺碑》，載於〔清〕董誥：《全唐文》卷二四九，北京：中華書局，2009年版，第2514～2523頁。

〔註75〕 如趙文潤《武則天及其評價》（載於《山東圖書館學刊》2009年第1期）一文即以此為史實。

〔註76〕 〔宋〕司馬光：《資治通鑑》卷二〇一「高宗乾封元年八月」條，北京：中華書局，1956年版，第6350頁。

〔註77〕 〔宋〕司馬光：《資治通鑑》卷二〇一「高宗乾封元年八月」條，北京：中華書局，1956年版，第6349頁。

〔註78〕 〔宋〕司馬光：《資治通鑑》卷二〇一「高宗乾封元年八月」條，北京：中華書局，1956年版，第6350頁。

〔註79〕 〔宋〕司馬光：《資治通鑑》卷二〇一「高宗乾封元年八月」條，北京：中華書局，1956年版，第6350頁。

〔註80〕 〔宋〕司馬光：《資治通鑑》卷二〇六「則天后聖曆元年八月戊戌」條，北京：中華書局，1956年版，第6532頁。

傳因素有關，可能武則天父系一脈有短壽基因，另一方面也可能與心理因素有關，武家族人多難以承受巨大的心理壓力和抑鬱、憂慮等負面情緒，容易在挫折打擊中死去。那麼武士彠是否是因爲不堪承受高祖崩逝的打擊悲痛而亡呢？

顯然不是。當初高祖募兵之時，隋朝官員王威、高君雅對高祖多有懷疑。武士彠爲高祖開脫，二人遂打消疑慮，然高祖「兵起，士彠不與謀也」。這種騎牆態度可看出他對高祖事業持觀望心理，同時說明他與高祖的關係並不深入。大唐建立後，武士彠「自言嘗夢帝騎而上天」。高祖笑曰：「爾故王威黨也，以能罷繫劉弘基等，其意可錄，且嘗禮我，故酬汝以官。今胡迂妄媚我邪？」〔註81〕高祖對他的阿諛之辭並不買帳，可見對他並不十分貼心貼肺。玄武門事變時，當時任三品高官又手掌軍權的武士彠沒有參與反抗秦王府的行動，亦未被秦王追究。高祖被太宗軟禁十幾年，他既沒有營救，也沒有前去看望，甚至沒有爲高祖鳴不平。這都說明他對高祖的政治事業一直是投機態度，與高祖並不是肝膽相照、生死與共的過硬關係。其前妻相里氏及兩子先後病死，都未能給他造成沉重的心理打擊，他甚至未常言及，又怎麼會因關係並不過硬的高祖駕崩悲痛致死呢？根據對武氏家族健康狀況的分析，我們大致可以認定，高祖之死給他帶來了沉重的心理壓力，因而一病不起，不治而死。那麼高祖之死究竟他帶來了什麼壓力呢？

再來看一下武家在唐初的政治地位及與李唐皇室的關係。武士彠兄弟中較有出息的武士稜「少柔願，力於田」，官至司農少卿，宣城縣公，「常主苑囿農稼事」〔註82〕。武士稜長子君雅襲爵，官至鎧曹參軍，其子希玄後亦襲爵，爲太宗右勳衛〔註83〕。武士彠次兄武士逸也有戰功，「爲齊王府戶曹參軍」，封安陸縣公，後來累授益州行臺左丞〔註84〕。可見武家兄弟追隨高祖起兵，都立有大小不等的功勳，至此都已做官。由此可見，武家在唐初政壇上還是有一定份量的。

〔註81〕〔宋〕歐陽修、宋祁：《新唐書》卷二〇六《武士彠傳》，北京：中華書局，2000年版，第5835頁。

〔註82〕〔宋〕歐陽修、宋祁：《新唐書》卷二〇六《武士彠傳》，北京：中華書局，2000年版，第5837頁。

〔註83〕《大唐故右勳衛宣城公武君墓誌》，選自周紹良主編《唐代墓誌彙編》，上海：上海古籍出版社，1992年版，第131頁。

〔註84〕〔宋〕歐陽修、宋祁：《新唐書》卷二〇六《武士彠傳附士逸》，北京：中華書局，2000年版，第5837頁。

　　就武士彠而言，在高祖父子中，他與高祖走得最近。高祖起兵時，他極力攀附，又是諂媚拉攏，又是進獻兵符，還舉家投資跟隨。高祖在他獻兵符後許諾：「當同富貴耳！」〔註85〕開國後，武士彠作爲二等功臣，被賜予「太原元謀勳效功臣」的勳號。當時一等功臣只有兩人，二等功臣有十四人。武士彠雖非一等功臣，然政治地位也算是相當高了。他的職官是中央最高行政機關尚書省兵部的庫部郎〔註86〕，掌管全國武器軍備設施。當初國家剛剛建立，武士彠就掌管全國的武器軍備設施，可見高祖對他委任之重。武德三年（620），武士彠擔任三品工部尚書。此年，高祖又對軍隊做了一番調整，將軍隊劃分爲十二軍，令他兼統其中的一軍，即醴泉道的井鉞軍，稍後又以本官檢校右廂宿衛的禁軍〔註87〕。三品官員已是國家重臣，十二軍是當時國家的核心武力，禁軍更是直接關乎宮廷安危，如此委任可見高祖對他的信任。另外，武士彠與楊氏再婚，就是高祖牽線。可見建國後他與高祖關係之近。值得注意的是，武士彠再婚還和齊王元吉搭上了關係。高祖當婚主，又「遣桂陽公主專知女家」〔註88〕。桂陽公主駙馬楊師道是楊雄之子，也就是楊氏的堂兄弟。楊師道與桂陽公主之女楊氏就是齊王妃。在秦王世民兄弟的爭儲鬥爭中，齊王元吉和太子建成是一黨。顯然，武士彠再婚後，與齊王、太子關係親近。與之相比，玄武門事變之前，未見他親近秦王世民的記載，而前番他阿諛攀附高祖，秦王也是看在眼裏的。以秦王性格來看，他對阿諛投機之人稍有疏遠戒備應在情理之中。

　　武德九年（626），秦王發動玄武門事變，高祖隨即被軟禁，不久就傳位於秦王。事變之前，秦王「猶豫未決，問於靈州大都督李靖，靖辭；問於行君總管李世績，世績辭，世民由是重二人」〔註89〕。可見他對不參與政變的人懷有敬意，但也一直對他們懷有疑慮，臨終前還特意將李勣貶謫出京，特

〔註85〕　〔唐〕李嶠：《攀龍臺碑》，見〔清〕董誥：《全唐文》卷二四九，北京：中華書局，2009 年版，第 2514～2523 頁。

〔註86〕　〔宋〕王溥：《唐會要》卷四五《功臣》，北京：中華書局，1955 年版，第 799 頁，說他是庫部郎中，其實當時稱庫部郎，武德三年才改稱郎中。

〔註87〕　〔宋〕王欽若等：《冊府元龜·環衛部·忠節》卷六二六，北京：中華書局，1989 年版，第 3319 頁。

〔註88〕　〔唐〕李嶠：《攀龍臺碑》，見〔清〕董誥：《全唐文》卷二四九，北京：中華書局，2009 年版，第 2514～2523 頁。

〔註89〕　〔宋〕司馬光：《資治通鑑》卷一九一「高祖武德九年六月」條，北京：中華書局，1956 年版，第 6007 頁。

意交代太子如何對付他。對於駕馭天下的帝王來說，猜忌之心是有必要的。另一方面，他一向以仁孝治國，一生最大的污點莫過於殺兄逼父、篡位奪權了。如何善後關係到其政治根基的穩固性，必須謹慎對待，妥善處理。玄武門事變後，他在東宮顯德殿即位，仍讓高祖居於太極殿，還追封兄弟。高祖退位後一直與他關係很僵。儘管他欲對高祖做一些彌補，高祖似乎並不領情，反應冷淡。貞觀六年（633）十月，他「侍上皇宴於大安宮」，宴會結束後，「帝親為上皇捧輿至殿門，上皇不許，命太子代之」〔註90〕。高祖還多次拒絕他共同避暑九成宮的邀請，「上屢請上皇避暑九成宮，上皇以隋文帝終於彼，惡之」〔註91〕。因此，他對親父兄者心存猜忌應是情理中事，然礙於種種顧忌，亦不便過於追究。

再來看一下武士彠對玄武門事變的態度。武士彠沒有參與玄武門事變，對事變結果也沒有任何反應，可以根據史料推測一下武家的態度。武則天以周代唐時出現了一部文學作品，叫《唐太宗入冥記》，作品裏為在玄武門事變中被殺的齊王元吉鳴冤。武則天時期的言論控制很嚴。此類作品的出現和流傳至少說明武則天不反對書中的政治傾向。卞孝萱通過考證《唐太宗入冥記》，也認為在玄武門事變中，武則天一家是站在太子、齊王一邊的〔註92〕。玄武門事變時，武則天才三歲，尚未懂事，當然不可能對這樣重大的政治事件有自己的判斷，只能來自家庭影響。也就是說，在太子、齊王和秦王爭鬥的關鍵時刻，武家至少在情感上是站在太子、齊王一邊的。事變成功後，秦王組建的政權班子主要以秦王府舊屬為主，也接納了一些高祖舊臣和歸依新主的建成餘黨，其中未見武士彠有親附新君的記載。

從以上種種跡象看來，鑒於武家在唐初的政治地位，武家和高祖、齊王的親近關係，太宗即位後，難免對手握兵權的武士彠心存猜忌防範，然並不至於立即貶抑誅殺。武德九年（626）八月，高祖內禪，太宗即位，十月就定「功臣實封差第」〔註93〕，共有三十九人，未列入此名單的「元謀功臣」共

〔註90〕〔宋〕司馬光：《資治通鑑》卷一九四「太宗貞觀六年十月」條，北京：中華書局，1956年版，第6099頁。

〔註91〕〔宋〕司馬光：《資治通鑑》卷一九四「太宗貞觀八年七月」條，北京：中華書局，1956年版，第6106頁。

〔註92〕卞孝萱：《〈唐太宗入冥記〉與「玄武門事變」》，《敦煌學輯刊》，2000年第2期。

〔註93〕其名單見於〔後晉〕劉昫等：《舊唐書》卷二《太宗本紀上》，北京：中華書局，1975年版，第31頁。

有十人，有李世民、劉文靜、竇琮、殷開山、劉政會、趙文恪、武士彠、李思行、李高遷、許世緒等十人。李世民已貴爲天子，劉文靜已被殺，趙文恪已賜死，竇琮、殷開山、許世緒已病故，李高遷已除名徙邊，當然都不會出現在這次的功臣名單裏。李思行被剔顯然是因爲做過齊王護軍。劉政會既無無過錯，也未過世，更未有親太子、齊王等人的行爲，其被剔可能是因爲親高祖疏秦王。武士彠被剔顯然是因爲其一直親近高祖，與齊王有親屬關係，又一直未親近秦王有關。也就是說，在太宗眼裏，武士彠是否眞屬「元謀功臣」尚有問題。所以，即使武士彠在事變中表示沉默，太宗也難免對他心存猜忌防備。事變後不久，太宗令武士彠離開中央，去接替叛臣李孝常任職利州都督。有人認爲這是太宗信任的表現。本文認爲不然，以太宗之穩重英明，斷然不會給有疑慮的臣子重以委任。此番任命有猜忌試探之意。太宗拿不准武士彠此時的政治傾向，貿然猜忌治罪顯然不妥，既不利於穩定人心，亦有損其帝王形象。若繼續任用，武士彠手握兵權，萬一有變極有可能引起政局動盪。任命他去地方上接替叛臣之職，既可收回他的兵權，觀其政治傾向，若是有變，亦不會引發太嚴重的後果。精明的武士彠當然不會不解其意，他一到任就積極表現，迅速展開平亂行動，「招輯亡叛，撫循老弱，賑其匱乏，開其降首」，時間不長「郡境又安」，得到了太宗的表揚和獎勵。貞觀六年（632），太宗改任武士彠爲荊州都督。他在荊州打擊豪強，「寬力役之事，急農桑之業」，使荊州生產發展，「奸吏豪右，畏威懷惠」。太宗手敕稱譽其「善政」。太宗對武士彠之死嗟歎曰：「可謂忠孝之士！」〔註94〕《攀龍臺碑》載，太宗數次誇獎武士彠的善政。一般來說，這種記載虛構的可能性較大。若是屬實，倒顯得太宗對他有些過於關注，似別有用心。事實也極有可能如是，武士彠儘管政績突出，但他在玄武門事變後一直在地方任職，至死都未能返回中央，都很能說明這個問題。

　　不難想見，在玄武門事變後的十幾年裏，武家的家庭生活總體還算平靜，然家庭隱藏的矛盾讓他心煩不已，加之政治處境上的微妙變化，他難免刻意表現以求突出政績來消除太宗猜忌。他當然不會將這些吐露給外人。即便如此，太宗對他也並無特殊恩惠。這給精明敏感的武士彠造成了沉重的心理負擔。雖然太宗並不過份追究高祖、太子、齊王之黨羽，但是帝王性情實難預

〔註94〕　〔唐〕李嶠：《攀龍臺碑》，見〔清〕董誥：《全唐文》卷二四九，北京：中華書局，2009 年版，第 2514～2523 頁。

測。貞觀九年（635），高祖崩逝，武士彟可能擔憂太宗會借機大搞政治清洗，心理負擔驟然加重，遂一病不起。鑒於武士彟在地方任上的出色表現，太宗可能覺出對他的猜忌防範有些多餘。或是出於補償心理，或是掩蓋逼迫、軟禁父親的不孝行為，太宗對病重的武士彟熱情非常，屢遣名醫前去診治。太宗此舉或許是善意，但在武士彟看來，可能是監察、猜忌甚至是迫害，因而惶遽更甚，遂不治而死。

與對武士彟病情的重視相比，太宗對他的喪葬事宜不甚熱情。武士彟死於荊州都督任上，遺囑歸葬并州文水，家人將他送回故鄉安葬。都督是三品職事官，唐朝舊制：三品官喪禮皆給鹵簿，墓前樹立一定高度的碑碣及一定數目的石人石獸，而由鴻臚丞監護喪事〔註95〕。他歸葬，故官造靈柩送達故鄉，喪葬費用由官方提供。喪禮舉行時，委由本州大都督李勣監護，朝廷另遣郎中一人馳驛前往弔祭〔註96〕。依照喪事的規格來看，武士彟的喪葬事宜相當節約，朝廷未有特殊恩遇。這說明太宗的愧疚補償心理並未持續太久。事實上，太宗從未真正接納、認可過武士彟。武士彟死後八年，也就是貞觀十七年（643），太宗又給臣子評定功勳，命將二十四位開國功臣畫像藏於凌煙閣，也未將武士彟名列其中〔註97〕。可見，儘管武士彟為李唐開國事業立有不小的功績，從未介入太宗父子兄弟之爭，還在地方任上有過出色的政治表現，太宗在他病重時亦消除了對他的偏見，但始終未能給他一個客觀公正的評價。

也就是說，武士彟之死確實與高祖有關，然非哀傷舊主，而是政治壓力所致。如果說武士彟複雜的家庭關係讓他心生煩悶，繁忙的政務讓他勞心傷神，那麼高祖之死就是壓垮他的最後一根稻草。《攀龍臺碑》寫於武則天掌權之時，當時李武兩家為爭奪太子之位鬧得不可開交。武則天竭力平衡兩家關係，想建造一個李武聯合政權。這種政治背景之下產生的《攀龍臺碑》自然要對武士彟和高祖的關係大肆美化渲染一番，以示李武兩家友好早有淵源，今日兩家更應和睦相處，共建大周。武士彟病逝時，武則天才十二歲，她看

〔註95〕〔宋〕王溥：《唐會要》卷三八《葬》，北京：中華書局，1955年版，第691頁。
〔註96〕〔唐〕李嶠：《攀龍臺碑》，見〔清〕董誥：《全唐文》卷二四九，北京：中華書局，2009年版，第2514～2523頁。
〔註97〕〔宋〕司馬光：《資治通鑒》卷一九六「太宗貞觀十七年二月戊申」條，北京：中華書局，1956年版，第6185頁。

到的可能只是父親在高祖病逝後一病不起，太宗遣人醫治無效。父親死後，太宗誇獎父親「忠孝」。至於其中曲折內幕，當然不是她一個小姑娘能知道的。需要指出的是，在地方任職的十幾年中，武士彠心理負擔很重，即便不明言，家人也應能感受得到。生活在父親身邊的武則天自然也有所感知，進而影響著她的心理狀態。也就是說，武則天從小就生活在一個充滿政治壓力的家庭環境中。再者，武士彠為了避免太宗猜忌，在任上多有出色表現，也不忘親附太宗。如貞觀五年（631）十二月，武士彠集合了各地朝集使上表請求封禪。封禪始於秦始皇，謂以成功告天地。歷代好大喜功之君主多醉心於此，臣下也往往以此取悅君主。武士彠此舉即可見其阿諛奉承之意。在生活中，他很可能通過誇讚太宗來消除這種焦慮情緒。這使武則天從小就聞聽太宗故事，並對他心懷尊崇嚮往之情，為她人生的第一段情感經歷埋下了伏筆。

三、族人的欺凌及對武則天人格的影響

武士彠病逝後，武則天母女受到了武家族員的欺凌。武元慶、武元爽及武士彠兄子武惟良、武懷運「皆不禮於楊氏」，武士彠兄長子武懷亮「早卒，其妻善氏尤不禮於榮國」，楊氏「深銜之」〔註98〕。武則天童年的噩夢開始了。關於武氏族員欺凌武則天母女的詳情，史載不詳，學界也無深入研究。楊氏為夫守靈不滿一年就帶著三個女兒離開文水，去長安投奔堂兄楊師道，可見武氏族員欺凌之甚。羅麗認為，成年後的武則天「實現了自我豐滿的人格之後的反壓抑」〔註99〕，其中提到她所受到的壓抑應主要是來自男性世界，第一次壓抑就是族人的欺凌。武則天母女被欺凌是從貞觀九年（635）武士彠去世開始的，那年她十二歲。這是人格形成的關鍵時期。家庭變故後生存環境的突變應會給她帶來持久而深遠的影響。下面試深析之。

關於武氏族員欺凌武則天母女的詳情，史無記載，只能根據他們日後的關係推知前情。武則天立后不久，武氏族兄皆有超越常制的升遷。楊氏「嘗置酒」，謂武惟良等曰：「頗憶疇昔之事乎？今日之榮貴復何如？」楊氏提及的「疇昔之事」即指他們的欺凌行為，不僅包括他們對楊氏的「不禮」，還應包括他們對武則天的「不悌」。因為楊氏提及舊事的前提是武則天立后給武家

〔註98〕〔宋〕司馬光：《資治通鑒》卷二○一「高宗乾封元年八月」條，北京：中華書局，1956 年版，第 6350 頁。

〔註99〕徐深整理，羅麗執筆：《女學者論武則天》，《文藝研究》，1995 年第 6 期。

帶來了莫大的恩惠和榮耀，此言是提醒他們「今日之榮貴」得益於往昔被他

帶來了莫大的恩惠和榮耀，此言是提醒他們「今日之榮貴」得益於往昔被他們欺凌的武則天，要看他們羞慚悔過的洋相。不料，武氏兄弟並不買帳，他們明確指出自己「早登宦籍」是父親之故，並表示「揣分量才，不求貴達」，「曲荷朝恩，夙夜憂懼，不爲榮也」〔註100〕。這種尷尬場面充分說明了當年他們矛盾的深厚和長期的糾纏不清。那麼，當初武氏兄弟究竟是如何欺負武則天母女的？以至於多年之後，妹妹貴極天下並不計前嫌、以德報怨了，他們仍不肯低頭？由於此事並無史書記載，我們還是從武則天的日後表現上尋找痕跡。

　　我們知道，武則天有非常明顯的暴力人格，屠戮親屬、殘殺政敵、血洗朝堂等一系列行爲均說明了這一點。其實，她初次入宮就有過一番駭人言行：

> 他日，頊奏事，方援古引今，太后怒曰：「卿所言，朕飫聞之，無多言！太宗有馬名師子驄，肥逸無能調馭者。朕爲宮女侍側，言於太宗曰：『妾能制之，然須三物，一鐵鞭，二鐵撾，三七首。鐵鞭擊之不服，則以撾撾其首，又不服，則以七首斷其喉。』太宗壯朕之志。今日卿豈足污朕七首邪！」〔註101〕

這非常明顯地流露出少年武則天有虐待動物的暴力傾向。也就是說，她的暴力人格在此時就略現雛形了。當時她雖不受寵，但也並無受罰、受虐經歷，也沒有經歷過戰爭等暴力場景，其暴力傾向只能從她此前的生活中尋找原因。我們知道，主體的暴力傾向與其負面經歷有關，尤其是童年時期遭受的肢體暴力和精神摧殘有莫大關係。武則天入宮前一直與家人生活在一起，父母感情良好，均無暴力傾向。她與父母關係良好，其暴力傾向應與父母無關。此前她唯一的負面經歷就是族兄的欺凌。也就是說，族兄極有可能對她有過肢體暴力和精神摧殘。

　　武元慶、武元爽的具體生年不詳，我們可大致推斷一下。武德五年（622），武士彠原配相里氏所生的二子相繼病死，武德六年（623），相里氏病死，武士彠均未回家探望。也就是說，武元慶、武元爽的生年至少應在武德五年（622）前。根據他們日後不接受楊氏的情況來看，他們可能已與生母建立了深厚的感情。生母病死時，他們已經懂事，在感情上無法再接受繼母了。這時他們

〔註100〕〔宋〕司馬光：《資治通鑑》卷二〇一「則天后乾封元年八月」條，北京：中華書局，1956年版，第6349頁。

〔註101〕〔宋〕司馬光：《資治通鑑》卷二〇六「則天后久視元年正月」條，北京：中華書局，1956年版，第6544頁。

應至少 5～7 歲。楊氏嫁給武士彠後，武德七年（624）年生武則天。也就是說，他們兩個至少要比武則天大 7～9 歲左右。武士彠去世時，武則天十二歲，兩個兄長至少已經十九歲了，正是血氣方剛、張揚跋扈的年紀，也有能力欺負繼母和妹妹了。武士彠去世前，他們對武則天應是以冷眼漠視為主，談不上欺凌。因為父親與繼母感情良好，對她們多有照顧。他們即使心懷怨恨，也不敢明目張膽地欺凌妹妹。父親去世後，繼母和妹妹柔弱無助，他們的膽子就大得多了。加之他們自幼喪母，讀書不多，缺少素養，喪父後又無人管制，他們極有可能對武則天有過肢體暴力和精神摧殘。前文提及武則天立后後，他們不買繼母的賬。武則天立即將他們貶為龍州刺史、濠州刺史。武元慶「至州，以憂卒」，武元爽「坐事流振州而死」〔註102〕。他們憂懼而死的原因當然是自知難逃報復，據此可反推他們當年行為的惡劣。堂兄武惟良、武懷運也被貶往外地擔任刺史。十餘年後，也就是乾封元年（665），武惟良、武懷運「與諸州刺史詣泰山朝覲，從至京師，惟良等獻食」。武則天順便將鴆殺魏國夫人之名扣在二人頭上，將其誅之並改其姓為蝮氏，意思是他們心如蛇蠍。看來兩位堂兄在外任職期間，心理壓力並不是很大，至少沒有憂懼而死。據此可推知，他們當年應未直接欺凌武則天母女，只是歧視武則天母女，偏袒武元慶、武元爽，對他們之間的矛盾只是冷眼旁觀，故而武則天對他們的報復並不十分嚴厲，而是貶損中夾帶精神侮辱。

根據上述分析，大致可以推知，武元慶、武元爽兩位異母兄長對繼母多有不敬，對武則天還有過肢體暴力和精神摧殘。堂兄武惟良、武懷運等族人偏袒武氏兄弟，對武則天母女冷眼相加，堂兄武懷亮之寡妻也對她們甚是無禮。楊氏母女均為勢單力孤的女流之輩，只能隱忍不言。這種暴力欺凌和精神歧視發生在武則天十二歲的時候。我們知道，這是人格形成的關鍵時期。這些遭遇必定影響她的人格。面對家庭暴力（包括肢體暴力和精神暴力），女性的表現一般有三種：一是自我抑制，逆來順受，在忍耐中不斷失去自我；二是以暴制暴，絕望反抗，往往導致悲劇發生；三是保持尊嚴，另尋解脫或報復，如離家出走、自殺、離婚等〔註103〕。武則天顯然屬於最後一種。隨母親遠走長安為她提供了「離家出走」的機會，入宮為才人讓她徹底脫離了寄

〔註102〕〔宋〕司馬光：《資治通鑒》卷二〇一「則天后乾封元年八月」條，北京：中華書局，1956 年版，第 6350 頁。

〔註103〕林玉美：《家庭暴力下的女性心理及成因探析》，《求實》，2000 年第 10 期。

人籬下的家庭生活，但這並不意味著暴力影響的消失。一般來說，遭受家庭暴力的女性往往會產生報復、焦慮、恐懼、不安、壓抑、自卑等心理。武則天就是如此。她發跡後不久，就逐一報復族兄，他們先後不以壽終。他們死後，武則天也不讓他們的子孫承襲父親爵位，而是讓韓國夫人之子賀蘭敏之繼承。唐人流行夫婦合葬的習慣，然楊氏遺囑不歸葬武氏文水先塋，而要葬於其父楊達的墓旁。武則天遵從遺囑，「割同穴之芳規」，將母親墓遷於咸陽縣楊達舊塋之左。其後又鑒於父母「陵塋眇隔，長懸兩地之悲；關塞遙分，每切百身之痛。遂命大使備法物，自昊陵（父墓）迎魂歸於順陵（母墓）」〔註104〕，即寧願迎父魂來陪於母，也不願讓母魂陪於父墓，可見母女銜恨武氏親屬之情。武則天發跡後將文水縣改爲武興縣，還給天下武氏百姓免除賦稅，顯然是宣告天下：給武家人帶來榮耀恩惠的是楊氏之女，而非武家男兒，顯然是誇示自己有能力支撐武家門戶，是對當年受欺的一種反撥。

這種負面經歷給武則天留下了終生的精神印記，試總結如下：

其一，她早早失去了父親庇護，族人的欺凌再次提醒了她喪父的後果，不僅加深了她對父親的追念，還引發了她對親情的懷疑。武則天認識到，在強弱鬥爭中，強者爲尊，其餘的人都偏向強者。道理和感情在實力、地位、權力面前都是軟弱無力、不堪一擊的。有實力、地位和權力之人才有生存權和話語權。過早地對親情失望對武則天日後奪取權力、剪除異己而不顧惜親情的行爲具有經驗指導作用。武則天性格中還有專權的一面，也與她失去父親庇護後的痛苦體驗有關。武則天成年後表現出對權力嗜血性的追求，晚年不肯放權給朝臣親信，到了八十多歲被政變人員團團圍住仍堅持不傳位，都可看出其對權力的鍾愛。這種鍾愛即與她早年喪失「權力」庇護的傷痛經歷有關。

其二，一般來說，沒有父兄庇護、母親又柔弱隱忍的女孩出於自我保護心理，容易產生崇男心理，也容易養成剛強自主、斬斷果決、潑辣有爲、不讓鬚眉的性格。學界對此論述頗多，此不贅述。

其三，父愛的過早缺席容易使女孩產生戀父情結。武則天喪父時十二歲。這個年紀的女孩子剛剛準備進入青春期，獨立人格尚未成型，對父母的依賴很強，父愛的缺席很容易使她尋找情感替代品，即產生戀父情結。武則天極有可能有過這種情結。另外，關於武士彠之死，太宗是知道內情的，出於愧

〔註104〕〔唐〕武三思：《大周無上孝明高皇后碑銘（並序）》，見〔清〕董誥：《全唐文》卷二三九，北京：中華書局，2009 年版，第 2417～2423 頁。

疚補償心理，他或許對武士彠之女武才人有些憐惜。二人是否會因此產生一些情愫，本文將在第二章中詳述。

其四，武則天儘管在政治上取得了巨大的成功，但她一生都未能擺脫精神上的困擾。雷家驥說她是一個人格失調者，即與早年的負面經歷有關。她不得不借助宗教、醫學等手段來消除這些不良情緒。她寡淡親情的冷酷、追逐權力的狂熱就與安全感和歸屬感的喪失有關。她好大喜功、張揚顯示，一方面打壓高門，淡化士庶之分，另一方面又拼命抬高武家門第，都是這種心理的流露。按說她受到高宗非常恩遇，仍無法消除內心的不安，還要安插耳目處處監視，並一再與之爭權。晚年她精力衰頹，嚴重依賴兩個少不更事的面首，除卻享樂之外，未嘗不是在尋找情感慰藉。

這種負面經歷也影響到了武則天處理家庭關係的方式。她眼見母親未能生子，在武家地位不保，也深知繼母很難得到繼子女的尊敬和愛戴。她對繼子、繼女們非常反感和無情，儘管有些繼子、繼女並沒有威脅到她的利益。王氏養子李忠被廢後，由於害怕武則天竟然精神失常，史載他「頗不自安，或私衣婦人服以備刺客；又數自占吉凶。或告其事」〔註105〕。李素節和李上金先後被她貶斥，不得朝見高宗。後李素節被縊殺，其子有的被殺，有的被流放。李上金聞此消息「恐懼，自縊死」〔註106〕。李素節的姐妹義陽、宣城二公主也被她「幽於掖庭，年逾三十不嫁」〔註107〕。後太子弘提起此事，她隨即將她們嫁給身份卑微的守城衛士。

這種負面經歷還對武則天暴力人格的形成具有重要作用。家庭暴力造成的長期精神緊張一旦受到刺激，很容易轉化為外在的攻擊行為。武則天也表現出了這一點。她早年以鐵鞭、鐵撾、匕首馴師子驄一事就非常鮮明地體現了她殘忍好殺的人格特徵，她此後的人生都有一股凌酷之氣。她一聽說兩個兒媳（李旦二妃）有異心，沒有調查清楚就草率動手暗殺，一聽說一向信任的李昭德有專權嫌疑，不加審查就立即貶謫處死完事。她一再屠戮親屬，大興酷吏峻法，都與此有關。下面看一下她的殘虐行為。

〔註105〕〔宋〕司馬光：《資治通鑒》卷二〇〇「高宗顯慶五年六月」條，北京：中華書局，1956年版，第6321頁。

〔註106〕〔後晉〕劉昫等：《舊唐書》卷八六《澤王上金傳》，北京：中華書局，1975年版，第2826頁。

〔註107〕〔宋〕司馬光：《資治通鑒》卷二〇二「高宗上元二年四月」條，北京：中華書局，1956年版，第6377頁。

　　從數量上看，據林語堂統計，武則天自從永徽六年（655）年立后起到神龍元年（705）政權倒臺，共謀殺 93 人，遭到牽連的人就不計其數了。其中，近族有 23 人，其中包括兒子兩人〔註108〕，尚在襁褓中的女兒一人〔註109〕，孫子三人，孫女一人，姐姐一人〔註110〕，外甥女一人，其餘李唐宗室 34 人（其中 18 人遭到滅門，其餘人等家屬中僅弱子或幼孫存活一二），有威望的文武大臣 36 人，其中不少人對武周政權立有汗馬功勞，如垂拱四年（688）年平諸王叛亂有功的中書令張光輔和將軍丘神勣，光宅元年（684）平徐敬業之亂有功的李孝逸，擁立武周政權有功的檢校內史宗楚客和門下侍郎傅遊藝等〔註111〕。其實，武則天屠殺的遠遠不止這些人。史載她通過酷吏之手及其他手段共「誅唐宗室貴戚數百人，次及大臣數百家，其刺史、郎將以下，不可勝數」〔註112〕。後因武周政權已經穩固，酷吏積怨過多，再無利用價值。她又將他們「殺之以慰人望」〔註113〕。還有不少是無辜者和無名者，如閻知微從突厥使還後被殺，她命「夷其三族，疏親有先未相識而同死者」〔註114〕。

　　從手段上看，武則天的屠戮方法多種多樣，有判罪、謀殺、陰謀誣陷、割裂、虐殺、餓死、鞭殺、杖殺、磔殺等，還有不少人在流貶途中和貶所不堪勞頓憂懼，鬱鬱而終。她降低被殺之人的喪葬待遇，以示貶損侮辱，如庶子素節死後被葬如庶人。她甚至連死人也不肯放過，郝象賢臨刑前多有謾罵之言。她命「支解其屍，發其父祖墳，毀棺焚屍」〔註115〕。徐敬業事敗後被「發冢斫棺」〔註116〕。她一生迷信文字力量，經常將他人姓氏修改為兇惡不雅之字，以示凌辱貶損。如王皇后家人被改姓蟒氏，蕭淑妃家人被改姓梟氏，

〔註108〕筆者認為李弘並非武后謀殺，本文第四章第一節有詳述。

〔註109〕筆者認為安定公主並非武后扼殺，本文第三章第二節有詳述。

〔註110〕筆者認為韓國夫人之死與武后相關，但並非直接死於武后之手，存疑。

〔註111〕林語堂：《武則天正傳》，南京：江蘇文藝出版社，2009 年版，第 228 頁。

〔註112〕〔宋〕司馬光：《資治通鑒》卷二〇五「則天后長壽元年六月」條，北京：中華書局，1956 年版，第 6485 頁。

〔註113〕〔宋〕司馬光：《資治通鑒》卷二〇四「則天后天授二年一月」條，北京：中華書局，1956 年版，第 6472 頁。

〔註114〕〔宋〕司馬光：《資治通鑒》卷二〇六「則天后聖曆元年十月」條，北京：中華書局，1956 年版，第 6537 頁。

〔註115〕〔宋〕司馬光：《資治通鑒》卷二〇四「則天后垂拱四年四月戊戌」條，北京：中華書局，1956 年版，第 6448 頁。

〔註116〕〔宋〕司馬光：《資治通鑒》卷二〇三「則天后光宅元年九月丁酉」條，北京：中華書局，1956 年版，第 6428 頁。

燕王李忠、澤王上金、韓王元嘉、魯王靈夔、常樂公主等人的後代均被改姓虺氏，武惟良、武懷運均被改姓蝮氏。

此外，她還經常冒出一些新鮮花樣。如她好佛，因此禁止天下屠殺及捕魚蝦，「江淮旱，饑，民不得採魚蝦，餓死者甚眾」〔註117〕。

需要指出的是，很多人都認為武則天童年的陰影是她日後行事狠辣的原因。這當然很有道理，不過實事求是地說，也不是所有童年不幸的孩子都會養成如此凌厲的個性和強烈的報復心態。武則天緣何如此，這還與她日後的宮廷生活經歷有關。對此，本文將在下一章中再做補充。

四、武家家庭矛盾原因探析

前文已述，武氏族員在武士彠去世後欺凌武則天母女，對武則天的人格產生了深遠的影響。目前學界對武家紛爭的原因研究尚不深入。雷家驥認為，武元慶、武元爽的生母早逝，未能與父親共富貴，楊氏嫁過來後坐享其成，武則天姐妹還分去了他們的父愛，這讓他們心理很不平衡。當時北方盛行女子操持門戶。武士彠在世時，應是楊氏操持門戶。楊氏極有可能愛護己出，忽視繼子。武士彠死後，楊氏無子，武元慶、武元爽按照常規襲爵當家。他們在門戶主持權上存在爭執〔註118〕。因此，武士彠去世後，多年壓抑在武氏兄弟心中多年的情感集中爆發，具體表現為對繼母和妹妹們的欺凌。筆者贊同該觀點，在此也做幾點補充：

第一，武則天母女和武元慶、武元爽之間存在財產之爭。前文已述，武士彠多年經商，又多年任職高官，家中資財豐厚。他死後，武家上下應該非常關注他的遺產分配問題。按照唐律，繼室和未嫁女子都有財產繼承權。武士彠死時，楊氏五十七歲。由於隋末戰亂，民眾大量死亡，只剩下約三百萬戶，是全盛時的三分之一，故而唐初採取鼓勵早婚、再嫁、多生育的人口政策。貞觀元年（627）正月，國家頒發詔令：「庶人男女無室家者，並仰州縣官人以禮聘娶，皆任其同類相求，不得抑取。男年二十女年十五已上，及妻喪達制之後、孀居服紀已除，並須申以婚媾。」〔註119〕但也有例外，即六十

〔註117〕〔宋〕司馬光：《資治通鑒》卷二〇五「則天后長壽元年五月丙寅」條，北京：中華書局，1956年版，第6482頁。

〔註118〕雷家驥：《武則天傳》，北京：人民出版社，2001年版，第34～36頁。

〔註119〕〔宋〕王溥：《唐會要》卷八三《嫁娶》，北京：中華書局，1955年版，第1527頁。

以上的鰥夫、五十以上的寡婦、有兒女的少婦及立志守貞者，並任其情，無勞抑嫁娶。楊氏已是五十以上的寡婦，按唐制可以選擇再婚，亦可選擇不嫁。楊氏喪夫後悲傷過度，一度有長伴夫墓的想法，並無再嫁之意。楊氏嫁過來雖是繼室，但她出身高門，是皇帝做媒，公主主婚，武士彠又無側室，她自然備受重視，其繼承份額應不會太少。武士彠去世時，長女是否出嫁尚未可知，但是次女和幼女是確定沒有出嫁的。也就是說，武則天母女四人中至少有三人對武士彠的遺產有相當份額的繼承權。武元慶、武元爽自然對繼母和妹妹們心存厭惡排擠。武則天堂兄武惟良、武懷運及武懷亮的寡妻站在武元慶、武元爽一邊，對武則天母女不善，是遵循在家族矛盾中「向男不向女」的原則。楊氏守寡後，由於年老無子，處於弱勢地位，若是再嫁，更與武家沒有半點關聯，楊氏的三個女兒也是遲早要嫁與他人的。站在武元慶、武元爽一邊顯然有利於鞏固武家內部族員的關係，也更符合他們的長遠利益。因此，武則天母女受到武氏族員的集體排擠就在所難免了。

第二，楊氏與武家族員的門第差別是他們產生矛盾的重要原因之一。前文已述，武氏一脈門第寒微，因有功於李唐王室一躍成為政治暴發戶。楊氏出身隋朝王室，雖然由於李唐代隋，身份和地位有些尷尬，然門第之高仍令一般士人難以企及。武氏夫婦的結合勢必會因此產生一些問題。武家族員反隋建唐有功，處事現實功利，並不十分認同可能前朝皇族的門第，甚至有輕蔑之情。楊氏不喜女紅，輕視紡紗織布，對詩文、禮制和佛教卻很有興趣。武氏家族靠著勤奮務實和投機經營發家，未必能理解和接受她這些並不實用的愛好。從楊氏的角度來看，她出身高門，嫁到武家又是皇家做媒，顯貴非常。她對武家的寒門作風未必看得上眼。武懷亮寡妻善氏在楊氏守寡後對其「尤不禮」就很能說明問題。按說二人均為武家寡婦，處境相同。奇怪的是，善氏沒有受到武家排擠，與楊氏也沒有因同病相憐成為朋友，她還和武家其他人一起欺負楊氏母女。楊氏的孤立處境很可能就與她的門第不為武家接受有關。

第三，武家紛爭與楊氏的性格有關。首先，前文已述，楊氏嫁到武家時，武元慶、武元爽年紀略長，已經與生母相里氏建立了感情。相里氏出身不高，史書記載很少，就其早亡情形來看，估計健康狀況不善。就武士彠常年外出不歸、她獨自持家的情形來看，她應是勤勉持家、賢良本分的女子。前文已述，楊氏出身高貴，身體康健，經過滅國亡家、老大不嫁等重大創傷經歷後，

既自卑又自負，外在表現爲愛炫耀顯擺，從其晚年縱慾之事來看，她年輕時可能還不太安分。這種性格確實不招婆家人喜歡，況且還有一個相里氏與之對比。他們難以接受楊氏及其所生的女兒就不難理解了。

第四，武家紛爭與楊氏不善處理家庭關係也有關聯。我們知道，中國一向存在繼母忽視甚至虐待繼子、繼女的問題。唐朝也不例外。唐初褚遂良在《請千牛不簡嫡庶表》中說：「永嘉以來，王塗不競，在於河北，風俗頓乖，以嫡待庶而若奴，妻遇妾而如婢。廢情虧禮，轉相因習，構怨於室，取笑於朝……降及隋代，斯流遂遠，獨孤后罕雎鳩之德，同牝雞之晨，普禁庶子，不得入侍。」〔註120〕以楊氏之素養估計不會虐待繼子，然她非常疼愛三個女兒應是情理中事。問題在於她越是疼愛三個女兒，就越有可能忽視兩個繼子。諸史中並無楊氏虐待繼子或善待繼子的記載，極有可能她是忽視疏離兩個繼子。《舊唐書》載，袁天綱給武士彟兒女看相一事，若此事屬實，則有可能引發武家的家庭矛盾。袁天綱言武元慶、武元爽「皆保家之主，官可至三品」，見到武則天卻「大驚」，「更轉側視之」，「又驚」，言她是「龍睛鳳頸，貴人之極也」，「實不可窺測，後當爲天下之主矣！」〔註121〕當時武元慶、武元爽已略懂人事，聽到袁天綱對妹妹的評價遠遠高於自己，自然心生不快。楊氏聞聽此言更加疼愛女兒，也易引起兩位繼子的牴觸情緒。相應地，她與丈夫感情越是良好，丈夫對她們母女越是關懷照顧，也就越有可能忽視兩個兒子。因此，兩個繼子對楊氏母女懷有敵意就在情理之中了。

第五，武家紛爭可能還與楊氏老大初婚和沒有生子有關。前文已述，楊氏因國破家亡、門第甚高等原因老大不嫁，對外稱爲父祈福，實屬無奈，後經過高祖牽線嫁給了武士彟。這種老大初婚的情形在當時並不多見，而且明顯帶有功利性。這極有可能讓素養不高的武家人指指點點。再者，雖然當時盛行尊女抑男、男子懼內之風，但在封建社會，無子確實影響婦女的家庭地位。高宗欲廢王立武時不提王皇后有謀殺武昭儀之女的嫌疑，張口就言：「皇后無子，武昭儀有子，今欲立昭儀爲后。」長孫無忌等人無以爲答，也只能

〔註120〕〔唐〕褚遂良：《請千牛不簡嫡庶表》，見〔清〕董誥：《全唐文》卷一四九，北京：中華書局，2009年版，第1504頁。

〔註121〕〔後晉〕劉昫等：《舊唐書》卷一九一《方伎傳》，北京：中華書局，1975年版，第5094頁。

強調「皇后名家」、「先帝之命」了事〔註122〕。可見生子對封建婦女的重要性。楊氏無子應是她在武家地位不穩的重要原因之一。若是楊氏生子，武士彠死後，楊氏所生子即為嫡出，即可襲丈夫爵位支撐門戶，兩個繼子及其他族員就沒有理由對她挑三揀四了。不幸的是，楊氏未能生子，又非潑辣的市井悍婦，自然無法獨立支撐武家門戶。所以任憑楊氏門第再高，修養再好，三個女兒再漂亮可人，在武家族員眼裏，她們終究不過是一群外人。

第六，武家紛爭與武士彠也有關係。武士彠早年在外奔波，兩個兒子及原配夫人相里氏先後在家中病歿，他都因軍職在身，無暇探望，仍然勉力從公，沒有聲張。相里氏病死後，由於此時武士彠的爵位是義原郡開國公，故相里氏的身份是外命婦，其死訊不得不奏報朝廷。高祖得知此事後很是感動，下敕褒揚曰：「此人忠節有餘，去年兒夭，今日婦亡，相去非遙，未常言及，遺身徇國，舉無與比！」〔註123〕此等「忠節」之舉在兒子武元慶、武元爽眼中可能並非如是，他們很可能對未盡養育教導義務的父親產生強烈的不滿甚至怨恨。由於父親的政治地位和家族地位，這種情緒應該不會有正面宣洩的渠道。父親再婚後，與繼母感情良好，也很疼愛妹妹們。他們的不滿怨恨情緒只能再度壓抑。父親去世後，他們按制襲爵，壓制他們的外力消失了，其不滿委屈有了外現的機會。他們很可能將這些不良情緒轉嫁在父親鍾愛、坐享富貴的繼母和妹妹身上。再者，他們出身寒門，家境富裕，讀書又少，修養不高，從小家庭關係複雜壓抑，又缺少父母的約束和關愛，其人格發展可想而知，欺負寡弱倒也並不稀奇。

綜上所述，武則天早年家庭關係複雜。父親、異母兄長和母親、姐妹構成了家庭內部的三種政治元素，他們的性格及互動是她最早接觸的「政治經歷」。父親疏淡親情的行為、兩個哥哥的仇視和欺凌、母親過高的情感期望、早年入寺的淒清、姐妹之間微妙的競爭都會造成她性別認定的錯位和歸屬感的缺失。家庭的急劇沉浮、頻繁搬遷也容易讓她形成孤獨、冷漠的心態。父親的突然離世讓她備受打擊，這是她第一次應對突發事件，更加重了她孤獨冷漠的心態，族兄的欺凌使她嚴重缺乏安全感。這種心態是她日後攫取權力

〔註122〕　〔宋〕司馬光：《資治通鑒》卷一九九「高宗永徽六年九月」條，北京：中華書局，1956 年版，第 6290 頁。

〔註123〕　〔宋〕王欽若等：《冊府元龜・環衛部・忠節》卷六二六，北京：中華書局，1989 年版，第 3319 頁。

的重要動力之一，父親的精神遺產、母親的溺愛期許都強化了這種動力。這種對歸屬感和安全感的訴求影響了她的一生。她成年後崇拜權力、殘酷濫殺等行爲或許都可以從這一點上找到解釋。她坐在皇后、天后、皇太后等女性尊崇至極的寶座上仍不滿足，還非要承擔篡唐的惡名建周稱帝。直到晚年，她坐穩江山後才有了「垂拱」、「長安」、「大足」等怡然自得的安全感受，或許這也可以從這一點上找到解釋。她也由此練就了忍耐、堅韌、權變等性格特點。她深刻地認識到：權力是生存質量的保證，權力遠比親情等其他東西重要。她在以後的人生道路中也始終遵循這個原則。從這一點上來講，她追逐權力的性格在入宮前就已基本形成。她在權力中心斡旋一生是再合適不過了。

第二章　武則天和太宗的關係及早年宮廷生活對武則天的影響

太宗作爲武則天人際關係網絡中最傑出的人物，是武則天情感生活中的第一位男性，也是唯一沒有被她征服的男性。大多數人往往將她和太宗的關係定性爲一般的帝妃關係，一句「太宗不愛武則天」籠統言之〔註1〕。這無疑是不夠全面，也不夠深入的。二人的關係並非一成不變，而是有一個變化過程。武則天的父親武士彠是唐朝的開國功臣，玄武門事變後一直在地方任職，數次獲得太宗嘉獎。這時，太宗對武則天來說，是大唐英明神武的天子，太宗應尚未注意到武家這個小姑娘。武則天入宮後被封爲五品才人，二人關係轉變爲帝妃關係。在入宮的十幾年中，武則天地位不見上升，也沒有生育子女。她是太宗並不得寵的妃嬪。太宗駕崩後，武則天按照慣例出家爲尼。這時她是太宗的孀婦。太宗九子李治即位後不久，將寄身寺廟的武則天重新接入宮中，先後立爲昭儀、皇后。這時二人又轉變爲翁媳關係。在當時的立后詔書等公文中，二人原先的帝妃關係被巧妙掩蓋，只言武則天原是太宗侍女，而非妃嬪。此後，二人關係一直被視爲翁媳關係。

第一節　武則天初次入宮

學界考察武則天和太宗的關係，一般都從貞觀十一年（637）武則天初次入宮作爲起點。這是不準確的。武則天入宮前，武家與李唐宗室就有不少瓜

〔註1〕如蒙曼的《唐太宗不愛武則天》（載於《領導文萃》2008 年第 15 期）。

葛，二人關係也因此受到影響。上一章中已述，武士彠去世後，武則天母女遭到武家族員欺凌。少年武則天心懷銜恨，而無力反抗，心中充滿了改變命運的想法。這應是她得遇太宗前的主要心理狀態。在此，還要將武則天、太宗相遇前後的心境和當時的政治形勢做一番詳細說明，以便更好地闡述二人關係。

一、與太宗相遇前武則天的境況

武則天入宮前就與太宗有一些關聯。上一章已述，太宗和武士彠的關係在玄武門事變後有一些微妙變化。武士彠是唐王朝的開國功臣，自起兵時就與高祖親近，建國後在朝中擔任高級官員。高祖撮合中年喪偶的他與高門楊氏共結連理。他因此又與齊王元吉關係親近。當時太宗爲秦王，是高祖諸子中實力最強者，因爭儲與太子、齊王矛盾重重。武德七年（624），武則天出生。鑒於李武兩家關係親近，呀呀學語的武則天很可能與太宗見過面。民間傳說《媚娘出生》講到武則天出生後，「高祖李淵和兒子李世民前來祝賀并州小女兒（武則天）取名『媚娘』」〔註2〕。這種情況並非全無可能。武德九年（626），秦王世民發動玄武門事變，不久就登上皇位，重新組織政府班子，大力提拔秦王府班底，排斥猜忌高祖、太子、齊王的黨羽。武士彠因此到地方任職，終生未能返回中央。武德九年（626），太宗派他赴任利州都督。這時武則天三歲。貞觀六年（632），太宗改任他爲荆州都督。這時武則天九歲。在地方任上，武士彠積極表現，獲得了太宗讚賞。貞觀九年（635），高祖崩逝，不久武士彠病重不起。太宗屢遣名醫診治，武士彠仍因醫治無效死亡。當時武則天剛滿十二歲。可以想見，武士彠由中央高官改任地方官員後，武則天見到太宗的可能性就幾乎沒有了。上一章中提到，太宗和武士彠關係雖然微妙，然並未在明處顯露。玄武門事變後，精明過人的武士彠自然明白自己處境不妙，免不了常常揣摩太宗心理，爲了避禍自然要向太宗表示親近，生活中也自然要多講太宗的種種好處，包括武則天在內的孩子們自然是他的聽眾之一。武則天應該經常聽到父親和李唐宗室的關係傳聞。由於父親的刻意渲染，這些故事的重點勢必圍繞驍勇善戰、英明神武的太宗展開。因此，在童年的武則天心裏，太宗應該是一個高大神威的男子形象。由於這些良好

〔註2〕趙岐福、師荃榮、張鵬舉編著：《武則天傳說故事》，西安：陝西人民美術出版社，1987年版，第1頁。

的「先在印象」，她入宮後，太宗很順利地接替武士鑊成爲她的第二位「精神父親」。當然，父親和太宗關係的微妙之處不是她能知曉和體味的。這些表面現象給童年的武則天造成了一種武家與太宗關係良善的印象，爲她入宮後積極主動地爭取太宗寵愛增添了勇氣。

武則天十四歲時，太宗聞聽她的才貌之名，將她召入宮中爲才人。這意味著她將擺脫寄人籬下的生活，開始一段全新的人生。武則天即將入宮，楊氏「慟泣與訣」，武則天「獨自如」，言：「見天子庸知非福，何兒女悲乎？」〔註3〕普通女子入宮前，不免擔憂前途，如楊貴妃初入宮廷時，「與父母相別，泣涕登車。時天寒，淚結爲紅冰」〔註4〕。元稹《上陽白髮人》言道：「兩人姑且心思別，小女呼爺血淚垂。」武則天的表現十分反常。這固然反映了她性格之冒險和大膽，也流露出她對新生活的嚮往和信心。這種樂觀心態無疑是以對太宗的幻想和期望爲底色的。由於小時候經常聽到家人談論太宗，她難免在心中對這位未曾謀面的皇帝充滿了好奇、敬仰和嚮往。也就是說，武則天入宮前就對太宗有很高的情感期許，經過總結，詳列如下：

第一，武則天希望能借太宗之力改變命運。兄長的欺凌，族人的冷眼，母親姐妹的軟弱無助，寄人籬下的生活，這一切都讓生性好強的少年武則天感到痛苦和壓抑。因此，除了和一般妃嬪一樣想借助太宗寵愛獲得榮華富貴外，她還想借助太宗之力提高自身地位，讓宮外的母親和姐妹揚眉吐氣。以她對李武兩家關係的瞭解，她對太宗的期望值還是很高的。實際上，武則天的想法是絕大多數女子甘願冒犧牲終生自由幸福之大險入宮搏一搏的重要原因。家人憑藉后妃之寵得以榮達的事例比比皆是，如大約和武則天同時進宮的徐惠就做到了這一點。太宗對徐惠禮遇有加，提拔其父徐孝德爲水部員外郎。太宗時期，武則天是不得志的。她做到這一點是在高宗時期，當時武家全家都得到了封賞。

第二，武則天希望能得到太宗寵愛。我們知道，女孩子在青春期普遍存在戀父情結，父愛缺席更容易出現這種情況。前文已述，早年喪父和由此帶來的生存環境惡化容易使少年武則天產生戀父情結。武則天和太宗相差二十

〔註3〕　〔宋〕歐陽修、宋祁：《新唐書》卷七六《則天武皇后傳》，北京：中華書局，1975 年版，第 3474 頁。

〔註4〕　〔五代〕王仁裕等：《開元天寶遺事十種・開元天寶遺事》「紅冰」條，上海：上海古籍出版社，1985 年版，第 92 頁。

五歲，正好符合父女的年齡差距。此時的武則天是需要偶像和保護者的青少年。她入宮前多次聞聽太宗威名：他是一個高大威猛的馬上英雄，是英明神武的大唐皇帝。顯然，太宗比父親武士彠更強大，也更適合擔當「父親」的角色。她又見太宗與父親在政治上的「良好」互動，很容易將太宗當做父親的替身，希望得到他的關懷和愛護。事實上，武則天晚年仍對太宗念念不忘。我們還是要看她那段馴馬回憶。她在臣子面前絮叨自己當年如何在太宗一旁侍奉，如何滔滔不絕地發表馴馬言論，太宗又是如何對她表示讚賞。筆者有一個大膽的懷疑，即武則天說謊。此段材料有一點可疑之處：武則天將馴馬步驟說得非常詳細，意在震懾臣子，後面說太宗表示讚賞是借尊者之言進一步肯定自己，以增強語言的說服力和震懾力。按說她對太宗之言也應有一番具體生動的話，而且越是具體生動，說服力就越強，震懾效果也就越好。最好是照搬原話。實際上只有一句「太宗壯朕之志」〔註5〕完事。極有可能是太宗聽完後大吃一驚，一個嬌媚的小姑娘手段竟如此狠辣，然後了然無詞，最多是嘖嘖稱奇。武則天卻一直以引起太宗的注意而自鳴得意，晚年還忍不住公開炫耀。其實，太宗一向喜歡嫻靜本分、知書達禮的女子，不喜歡剛烈狠辣的女子，聽了武則天的馴馬之言，應該是很吃驚的，恐怕不會有讚賞之言，即便讚賞，恐怕也是圓場之言，畢竟武則天當時還是個不太懂事的小姑娘，又是楊氏群妃的外門之女，即便不喜歡，也不至於當眾呵斥。武則天卻對太宗的反應甚是陶醉，到了晚年還拿出來在臣子面前顯擺。可見她一直對太宗有敬仰尊崇之情，很珍惜太宗對她的評價。這種情感很像子女對父親、老師等長輩男性、權威男性的情感。

第三，武則天希望能得到太宗的愛情。這就更容易理解了。當時武則天十四歲，剛剛進入青春期。這個年紀的女孩子幾乎都對愛情的充滿幻想和憧憬，而且越是家庭不幸的女孩子，對愛情的渴望就會越早、越強烈，對愛情的期待值也會越高。這種女孩子由於早年不幸，對現實的認識更加清醒務實，很懂得在愛情中獲得情感安慰和命運轉機。這種情感補償規律發生在喪父遭欺的少年武則天身上應該並不奇怪。前文提及她入宮前並不傷心，反而對宮廷生活充滿了信心，亦可看出其迎接愛情前超乎尋常的喜悅心態。

〔註 5〕〔宋〕司馬光：《資治通鑒》卷二○六「則天后久視元年正月」條，北京：中華書局，1956 年版，第 6544 頁。

　　另外，我們也有理由對少年武則天抱有信心：她才貌出眾，在姐妹中最為出色，在宮中還有楊氏群妃照應。再者，武則天的伯父武士稜長孫武希玄在宮中任右勳衛〔註6〕。武希玄何時效命太宗已不可考。可以肯定的是，武則天初次入宮後，還有一個小姪子在太宗身邊任職。鑒於武則天對武家親屬的反感，她未必與之有親密聯繫，但是晚輩子姪在宮中任職，無疑增添了她的信心：武家族人粗俗不堪，尚可在宮中混得一官半職，更何況自己才貌雙全又雄心勃勃？

二、武才人入宮前後太宗的境況

　　在後人撰述的武則天情感故事中，太宗形象不是一個不近女色的明君，就是一個好色縱慾的昏君，這顯然和歷史真相有一定距離〔註7〕，我們有必要對太宗得遇武則天前後的境況做一番考察。

　　與武則天的躊躇滿志相比，太宗就要寂寥得多了。毋庸置疑，太宗是一世英主。不少英主在晚年都有心力不濟、貪圖享樂的傾向。太宗也不例外。近年來學界對此已有認識〔註8〕。

　　在政治上，太宗在武則天入宮前就有一些變化。《資治通鑒》載，貞觀六年（632）十二月，「帝與侍臣論安危之本。中書令溫彥博曰：『伏願陛下常如貞觀初，則善矣。』帝曰：『朕比來怠於為政乎？』魏徵曰：『貞觀之初，陛下志在節儉，求諫不倦。比來營繕微多，諫者頗有忤旨，此其所以異耳。』帝拊掌大笑曰：『誠有是事！』」〔註9〕貞觀六年（632）十二月，溫彥博、魏

〔註6〕　《大唐故右勳衛宣城公武君墓誌》，見周紹良主編《唐代墓誌彙編》，上海：
　　　　　上海古籍出版社，1992 年版，第 131 頁。
〔註7〕　韓林：《武則天故事中唐太宗形象的文本演變及文化內涵》，《天中學刊》，2012
　　　　　年第 4 期。武則天情感故事中的唐太宗形象從唐代到清代發生了巨大的變化。
　　　　　唐代他是一個忙於國事、不近美色的英明帝王；明代他是一個愛美人不愛江
　　　　　山的好色之徒；清代他是一個聽信讒言、縱慾而亡的昏君。唐太宗形象從正
　　　　　面到反面的轉變，與當時的社會狀況密切相關，同時也是士人與市民兩個階
　　　　　層對帝王態度的差異造成的。從文本流傳情況來看，唐太宗此類故事是武則
　　　　　天故事的副產品。當人們從正面評價武則天時，她與唐太宗的情感故事被淡
　　　　　化，甚至處於一種缺失的狀態；當人們從反面評價武則天時，為了迎合人們
　　　　　貶低武則天的需要，唐太宗往往被重新挖掘出來加以醜化。
〔註8〕　王炎平：《論唐太宗失政不自晚年始》，《天府新論》，1987 年第 5 期。該文認
　　　　　為「太宗的晚年是從貞觀十七年開始的，也就是武則天入宮後的第六年」。
〔註9〕　〔宋〕司馬光：《資治通鑒》卷一九四「太宗貞觀六年十二月」，北京：中華
　　　　　書局，1956 年版，第 6100 頁。

徵批評太宗爲政不及貞觀初年，太宗也不否認。此後，以貞觀初年爲標準，對太宗提出的批評就逐漸增多了。貞觀十一年（637）四月，魏徵上疏，以「人主善始者多，克終者寡」告誡太宗〔註 10〕。五月，魏徵又上疏，以爲「陛下欲善之志不及於昔時，聞過必改少虧於曩日」。八月，馬周上疏說：「貞觀之初，天下饑歉，斗米直匹絹，而百姓不怨者，知陛下憂念不忘故也。今比年豐穰，匹絹得粟十餘斛，而百姓怨諮者，知陛下不復念之，多營不急之務故也。」可見，貞觀六年（632）後，太宗爲政已不及貞觀之初。

「貞觀五年以來太宗的變化，是發生在四年取得治平之效以後。顯然，太宗是因爲成功而驕傲，因爲驕傲而失誤的」〔註 11〕。太宗有了驕傲之心，朝臣競相阿諛逢迎。一時間朝中和全國各地上章表請封禪者絡繹不絕。太宗本就有些自負，在一片頌揚聲中，越發不冷靜了。《舊唐書》載，「時公卿大臣並請封禪，唯徵以爲不可」。太宗有些不悅，曰：「朕欲卿極言之。豈功不高耶？德不厚耶？諸夏未治安耶？遠夷不慕義耶？嘉瑞不至耶？年穀不登耶？何爲而不可？」〔註 12〕魏徵言國家如久病之人，僅是初愈，遠未康健。魏徵所言不虛。隋煬帝即位以來，以虐政殘害天下，四洲疲敝。高祖等四方豪傑群雄逐鹿，十餘年後，以唐代隋後，國家方才安定。高祖一朝，諸子又因儲位爭鬥不休。直到太宗即位，國家才開始了眞正的建設修復時期，是年爲貞觀元年（627）。「貞觀前四年中，元、二、三年連續發生自然災害。故當貞觀四年取得治平之效果，僅是瘡痍初復、國家初治而已。其所以在當代和後世頗受稱道，亦是因爲在多年的暴政和戰亂之後，如此迅速獲得成功，歷史上是十分罕見的。二是因爲貞觀初年，太宗與群臣順時勢而應人心，撥亂反正，發憤圖強，改革弊政，外則雪突厥憑陵之恥，內則收治平之效。其時政清人和，社會上一派欣欣向榮的氣象，爲唐朝長時期的穩定和繁榮奠定了基礎。我們不難想見，貞觀四年取得顯著成績後，臣僚們必定過份誇張成績，大肆吹捧太宗功德，太宗已經有一些迷糊了」〔註 13〕。此後的國家發展一直未能超越貞觀四年的發展速度，實際上直到貞觀末年，國家亦未富庶繁榮。

〔註 10〕　〔宋〕司馬光：《資治通鑒》卷一九四「太宗貞觀十一年四月己卯」條，北京：中華書局，1956 年版，第 6128 頁。

〔註 11〕　王炎平：《論唐太宗失政不自晚年始》，《天府新論》，1987 年第 5 期。

〔註 12〕　〔後晉〕劉昫等：《舊唐書》卷七一《魏徵傳》，北京：中華書局，1975 年版，第 2560 頁。

〔註 13〕　王炎平：《論唐太宗失政不自晚年始》，《天府新論》，1987 年第 5 期。

史載永徽元年（650），雍、繹、同等地出現旱蝗，齊、定等十六州發生水災。永徽二年（651）春正月，高宗詔云：「去歲關輔之地，頗弊蝗螟，天下諸州，或遭水旱，百姓之間，致有罄乏。」〔註14〕此時太宗剛剛駕崩不久，若是國家繁榮富強，應能抵禦這一場不算嚴重的自然災害，也不至於「百姓之間，致有罄乏」。史載永徽三年（652）七月，戶部尚書高履行向高宗彙報進戶：「隋開荒中有戶八百七十萬，即今見有戶三百八十萬。」〔註15〕可見，經過太宗朝二十三年的努力，社會經濟尚未恢復到隋代盛時的水平。這樣看來，貞觀時期的唐代社會其實並不富足。貞觀五年（631）後，朝野不斷有人請求封禪應與刻意迎合太宗自我陶醉的心態有關。

武則天就是在貞觀十一年（637）進宮的。我們來看一下太宗在武則天入宮後的表現。

太宗早年崇尚簡約節儉，貞觀中後期開始奢靡浮華，沉醉於崇飾宮宇、遊賞樓臺。貞觀十一年（637），太宗營造飛山宮，言「若不爲此，不便我身」〔註16〕。貞觀二十二年（648），太宗又建玉華宮，儘管聲稱：「故遵意於淳樸，本無情於壯麗，」但還是「苞山絡野，所費已巨億計」〔註17〕。翠微宮、玉華宮「營繕相繼，又服玩頗華靡」，后妃徐惠還專門進諫過此事〔註18〕。太宗的生活變得奢靡浮華，缺乏了貞觀初期勵精圖治的決心和氣魄。史稱太宗晚年「錦繡珠玉不絕於前，宮室臺榭屢有興作，犬馬鷹隼無遠不致，行遊四方，供頓煩勞」〔註19〕。這從大臣的諫言中亦可看出，如貞觀十三年（639），魏徵指責太宗道：「頃年以來，稍乖曩志，敦樸之理，漸不克終。」〔註20〕

〔註14〕〔後晉〕劉昫等：《舊唐書》卷四《高宗紀上》，北京：中華書局，1975 年版，第 68 頁。

〔註15〕〔後晉〕劉昫等：《舊唐書》卷四《高宗紀上》，北京：中華書局，1975 年版，第 70 頁。

〔註16〕〔唐〕魏徵：《十漸疏》，見〔清〕董誥：《全唐文》卷二二五，北京：中華書局，2009 年版，第 1418 頁。

〔註17〕〔宋〕司馬光：《資治通鑒》卷一九八「太宗貞觀二十二年二月」條，北京：中華書局，1956 年版，第 6258 頁。

〔註18〕〔宋〕司馬光：《資治通鑒》卷一九八「太宗貞觀二十二年三月」條，北京：中華書局，1956 年版，第 6254 頁。

〔註19〕〔宋〕司馬光：《資治通鑒》卷一九八「太宗貞觀二十二年正月己丑」條，北京：中華書局，1956 年版，第 6451 頁。

〔註20〕阮愛東：《論貞觀文學觀念的文質消長》，《華南農業大學學報》，2007 年第 1 期。

在文學喜好上，太宗也由早期的敦道崇質和中期的文質並重轉變爲晚年的重視辭采。其本人的詩歌就明顯地流露出這種傾向。其詩歌題材中，宴飲、酬唱、詠物的題材幾乎佔了一半，充斥著風、雨、雪、月、菊、蓮、桃、李、柳、竹、雁、蟬、燭等物象。許敬宗、上官儀等人在虞世南、李百藥等人過世後成爲太宗最欣賞的詩人。許敬宗馬前受旨草詔，「詞采甚麗」，其大加「嗟賞」〔註21〕。上官儀其詞「綺錯婉媚」，其「每屬文，遣儀視薰，宴私未嘗不預」〔註22〕。貞觀中後期，其詔令中也流露出了這種氣息，「文詞秀美，才堪著述」〔註23〕、「文章秀民，才足著述」〔註24〕、「學綜策府，文冠詞林」〔註25〕等詞語隨處可見。其選拔人才很重視應試者的文筆。如張昌齡的文章「華而少實，其文浮靡」，「皆爲考功員外郎王師旦所紐」。貞觀二十一年（647），翠微宮成，張昌齡「詣闕獻頌」，其「大悅」，「乃敕於通事舍人裏供奉」〔註26〕。貞觀二十年（646），其下詔重修《晉書》，並親自撰寫了宣帝、武帝、陸機、王羲之四論〔註27〕。其在《王羲之論》中曰：「書契之興，肇乎中古，繩文鳥跡，不足可觀。末代去樸歸華，舒箋點翰，爭相誇尚，競其工拙。」可見其在書法上的態度也是博古後勁、取文輕質。在《陸機傳論》中，其盛讚陸詩「文藻宏麗」、「疊意回舒」、「珠流璧合」，稱陸機是「百代文宗，一人而已」。可見其已經完全沉醉於華麗文辭的美學魅力中了。《晉書》重視辭采，文浮於質乃至以辭害意，非文非史，在正史中頗爲另類。貞觀後期，這種風氣居然堂而皇之成爲官修史書的風格，足以說明其重文輕質到了何種程度。

〔註21〕 〔後晉〕劉昫等：《舊唐書》卷八二《許敬宗傳》，北京：中華書局，1975年版，第2762頁。

〔註22〕 〔宋〕歐陽修、宋祁：《新唐書》卷一○五《上官儀傳》，北京：中華書局，1975年版，第4035頁。

〔註23〕 〔宋〕宋敏求：《唐大詔令集》卷一○二《舉薦上·採訪孝悌儒術等詔》，北京：商務印書館，1959年版，第518頁。

〔註24〕 〔宋〕宋敏求：《唐大詔令集》卷一○二《舉薦上·求訪賢良限來年二月集泰山詔》，北京：商務印書館，1959年版，第518頁。

〔註25〕 〔宋〕宋敏求：《唐大詔令集》卷四○《諸王·魏王泰上括地志賜物詔》，北京：商務印書館，1959年版，第189頁。

〔註26〕 〔宋〕歐陽修、宋祁：《新唐書》卷二○一《張昌齡傳》北京：中華書局，1975年版，第5734頁。

〔註27〕 〔宋〕宋敏求：《唐大詔令集》卷八一《修〈晉書〉詔》，北京：商務印書館，1959年版，第467頁。

在生活作風上，太宗也開始耽於享樂。史載「太宗常宴近臣，令嘲謔以為樂」，長孫無忌先嘲歐陽詢曰：「聳膊成山字，埋肩不出頭。誰家麟閣上，畫此一獼猴。」歐陽詢應聲答曰：「索頭連背暖，漫襠畏肚寒。只由心溷溷，所以面團團。」太宗斂容曰：「汝豈不畏皇后聞耶？」〔註28〕《隋唐嘉話》中亦有類似記載。長孫無忌和歐陽詢是畫圖凌煙閣的開國功臣。此等重臣在太宗與群臣宴飲之際以猴、豬來嘲謔戲弄對方，若無太宗許可是斷然不能成行的。此事雖未必屬實，然野史中如是記載，至少能說明其晚年的嘲謔心態已流傳於坊間。

可見，太宗的審美情趣在貞觀中後期有很大轉變。相應地，太宗對女性的審美情趣也有一些轉變。他先前一向尊重深愛賢良淑德的長孫皇后，到了晚年，他轉而關注美色、文采等聲色享受。武則天入宮時，長孫皇后已經去世。武則天、徐惠等一批年輕女子以美貌和文采入選宮中就很能說明這個問題。

我們再來看一下太宗在武則天入宮前後的情感狀態。武則天入宮的前一年，長孫皇后去世。我們知道，太宗一生與長孫皇后感情甚篤。貞觀十午（636），長孫皇后去世，太宗萬分悲慟，諸史均有記載。《舊唐書》載，長孫皇后曾著書《女則》，太宗「覽而增慟」，以示近臣曰：「皇后此書，足可垂於後代。我豈不達天命而不能割情乎！以其每能規諫，補朕之闕，今不復聞善言，是內失一良佐，以此令人哀耳！」〔註29〕《新唐書》載，太宗「為之慟」，示近臣曰：「后此書可用垂後，我豈不通天命而割情乎！顧內失吾良佐，哀不可已已！」〔註30〕《資治通鑑》載，太宗「覽之悲慟」，以示近臣曰：「皇后此書，足以垂範百世！朕非不知天命而為無益之悲，但入宮不復聞規諫之言，失一良佐，故不能忘懷耳！」〔註31〕「太宗承認自己有過失，承認皇后能夠彌補自己的過失。若非皇后剛剛去世，他是不會輕易說出這些真心話的」〔註32〕。實際上，太宗的思念還遠非如此，《資治通鑑》載：

〔註28〕　〔唐〕劉肅：《大唐新語》卷一三《諧謔第二十八》，北京：中華書局，1984
　　　　年版，第 188 頁。
〔註29〕　〔後晉〕劉昫等：《舊唐書》卷五一《長孫皇后傳》，北京：中華書局，1975
　　　　年版，第 2167 頁。
〔註30〕　〔宋〕歐陽修、宋祁：《新唐書》卷七六《后妃上》，北京：中華書局，1975
　　　　年版，第 3472 頁。
〔註31〕　〔宋〕司馬光：《資治通鑑》卷一九四「太宗貞觀十年六月」條，北京：中華
　　　　書局，1956 年版，第 6122 頁。
〔註32〕　孟憲實：《長孫皇后：唐太宗的政治顧問》，《政府法制》，2010 年第 35 期。

上念后不已，於苑中作層觀以望昭陵，嘗引魏徵同登，使視之。
微熟視之曰：「臣昏眊，不能見。」上指示之，微曰：「臣以爲陛下
望獻陵若昭陵，則臣固見之矣。」上泣，爲之毀觀。〔註33〕

因對長孫皇后思念不已，太宗又做了一件曠古絕今之事——親自撫養長孫皇
后的幼子李治和幼女晉陽公主。《新唐書》載，「帝諸子，唯晉王及主（晉陽
公主）最少，故親畜之」〔註34〕。《唐會要》亦載如是。晉陽公主是有史可考
的享有皇帝親養殊遇的唯一一位公主。太宗的用意非常明顯——因爲寵愛其
母，所以親養其子，並以此慰籍苦悶空虛的心靈。不過這種慰籍辦法只能是
舉杯消愁愁更愁。也因太宗的這種心情，在長孫皇后去世後，後宮多年僅得
一子，即原齊王妃楊氏所生子曹王明。

長孫皇后去世後，太宗大異於前，沉溺於女色，但賢良如長孫皇后之女
性，終難再遇。嬪妃雖眾，太宗始終未再立皇后。數年後，年僅十二歲的晉
陽公主又不幸早亡，太宗爲此「閱三旬不常膳，日數十哀，因以膯羸。群臣
進勉，帝曰：『朕渠不知悲愛無益？而不能已，我亦不知其所以然。』」〔註35〕

也就是說，在武則天入宮前後，太宗經歷了喪妻、喪女的人生不幸，心
情相當不好，又沉醉於功業、奢靡和女色。在這種狀態下，他是不容易產生
愛情的。關於武則天初次入宮的原因，史書記載略有差異。《資治通鑒》言：
「上聞其美，召入後宮，爲才人。」〔註36〕即太宗聞聽武則天美貌將其召入
後宮。《舊唐書》言太宗聞聽武則天「美容止，召入宮，立爲才人」〔註37〕，
即太宗聞聽武則天容顏美麗、舉止優雅將其召入後宮。《新唐書》還要直白一
些：「文德皇后崩，久之，太宗聞士彠女美，召爲才人。」〔註38〕即由於長孫
皇后去世，太宗生活寂寥無味，聞聽武則天美貌，故而將其召入。這三種說

〔註33〕〔宋〕司馬光：《資治通鑒》卷一九四「太宗貞觀十年十一月」條，北京：中
華書局，1956 年版，第 6123 頁。
〔註34〕〔宋〕歐陽修、宋祁：《新唐書》卷八三《晉陽公主傳》，北京：中華書局，
1975 年版，第 3648 頁。
〔註35〕〔宋〕歐陽修、宋祁：《新唐書》卷八三《晉陽公主傳》，北京：中華書局，
1975 年版，第 3649 頁。
〔註36〕〔宋〕司馬光：《資治通鑒》卷一九五「太宗貞觀十一年十一月」條，北京：
中華書局，1956 年版，第 6134 頁。
〔註37〕〔後晉〕劉昫等：《舊唐書》卷一《則天皇后傳》，北京：中華書局，1975 年
版，第 115 頁。
〔註38〕〔宋〕歐陽修、宋祁：《新唐書》卷七六《則天武皇后傳》，北京：中華書局，
1975 年版，第 3474 頁。

法雖略有差異，卻無一例外地說明太宗只關注她的美貌儀容，對她幾乎沒有任何情感期待。也就是說，武則天入宮對於太宗而言，只是充當舊人的替代品罷了。再者，上一章中提及太宗聞言武則天美名可能是楊氏群妃枕邊吹風的結果。然武士彠一家作為親高祖、親齊王者被長期外任為官，顯然太宗並不怎麼喜歡武士彠這個農商出身的政治投機家，後來即便打消了猜忌，對其女也可能並無好感。

在這裡還要梳理一下太宗對女性的態度。這對太宗認識瞭解武才人的性格是有著「先在」作用的。在太宗的情感世界中，除了長孫皇后外，韋貴妃和六名楊氏妃嬪地位最高。楊氏群妃多與太宗政敵有親屬關係，如李恪之母楊氏原是隋煬帝之女，李明之母楊氏原是齊王元吉之妃，其餘幾位楊氏妃嬪也都與隋朝皇室有親眷關係。她們的親眷原與太宗有著不可調和的政治矛盾，其父、夫等親屬的死亡衰敗又與太宗直接相關。按說她們與太宗有家仇，但這並不妨礙她們委身太宗並為他生子，也不妨礙太宗寵愛她們。太宗甚至一度有立原齊王妃楊氏為后、立淑妃楊氏之子李恪為太子之念。這說明這幾位楊氏妃嬪同武則天之母楊氏一樣，調適能力都很強。其實，對於這些高門閨秀來說，隱忍本就是她們的必修課，倒並非僅僅楊氏群妃若是。也就是說，在太宗眼裏，楊氏群妃性格溫良順從，對政治並無興趣。因此，太宗從未將她們視作政治動物，對她們並無忌諱和防備。按照慣性思維，雖然他與武士彠關係微妙，然尚不足以引起他對武才人產生反感和戒備。當他聞聽武才人的馴馬手段後，吃驚不小，除卻驚訝一個小姑娘有如此膽量之外，可能就是驚訝她與楊氏群妃性格差異之大。太宗雖頗有遠見，然按照他對高門閨秀（尤其是楊氏妃嬪）的瞭解，也斷然想不到數十年後，眼前這個嬌媚可愛的武才人會用同樣的方法馴服他的子孫和王朝。也就是說，武才人作為楊氏群妃的外門之女，並未引起太宗的格外注意。

太宗對武才人不鹹不淡的態度在史書中也有間接反映。武才人初次入宮的冊文已失，可參看貞觀年間另外一名才人的冊文：

> 維貞觀年月日云云。於戲！惟爾蕭鏗第二女，幼習禮訓，凤表幽閒，胄出鼎族，譽聞華閫，宜遵舊章，授以內職，是用命爾為才人。往欽哉，其光膺徽命，可不慎歟！〔註39〕

〔註39〕〔宋〕宋敏求：《唐大詔令集》卷二五《冊蕭鏗女為才人文》，北京：商務印書館，1959 年版，第 81 頁。

不難看出，蕭鏗之女因「幼習禮訓，夙表幽閒，胄出鼎族，譽聞華閫，宜遵舊章」入選爲才人，與武則天入宮的情形大致無二。可見像武則天這樣貌美多才、舉止優雅又遠近聞名的少女爲數不少，以至於她們的冊文千篇一律，毫無特色。也就是說，武則天入宮前在太宗眼裏並無特殊之處。

不難看出，武則天和太宗在相遇前就對二人關係的定位差距甚遠，二人關係極有可能會因此出現種種不諧。事實證明果然如此。

第二節　武則天初次入宮後的境況

貞觀十一年（637），武則天入宮爲五品才人。貞觀二十三年（649）太宗駕崩後，武才人按例出家爲尼。無疑，武才人在宮中的這十二年是研究二人關係的重點時段。在這十二年裏，武則天沒有懷孕生育記錄，也沒有升職記錄，可見她並不受寵。二人相處的細節在史書中僅存兩處，一是太宗給武才人賜名「武媚」。二是武才人在太宗面前發表馴馬言論。下面據此探討二人的關係。

一、武才人過高的情感期待

與其他后妃一樣，武則天的生活主調是當然是想盡辦法博得皇帝的歡心和寵愛。

武則天爭取太宗寵愛的願望是非常強烈的。入宮前，好奇、野心、信心等多重情感在她心中紛紛擾擾，糾結成麻。入宮後，她見到了仰慕已久的太宗，內心湧起了層層波瀾，夢想和現實在一刹那間重合了。這個含苞欲放的青春少女，剛剛擺脫了讓她倍感痛苦壓抑的家庭，來到了一個新的生活環境，應對新生活有著非常美好的憧憬和嚮往。這種憧憬和嚮往與太宗緊密相關。因爲皇帝對她的命運有著絕對的操控權。那麼，入宮後，她對新生活，或者說對太宗究竟有什麼樣的期待呢？經過分析，筆者認爲除卻改變命運的期待以外，她對太宗應該還存在如下幾種情愫：

第一，情愛需求。首先，太宗是一個健碩的美男子，早年就有人誇他「龍鳳之姿，天日之表」〔註40〕，成人後，他「天姿神武」〔註41〕、「聰明勇決，

〔註40〕〔後晉〕劉昫等：《舊唐書》卷二《太宗本紀上》，北京：中華書局，1975 年版，第 21 頁。

〔註41〕〔後晉〕劉昫等：《舊唐書》卷二《太宗本紀上》，北京：中華書局，1975 年版，第 24 頁。

識量過人」，「有安天下之志，傾身下士，散財結客，咸得其歡心」〔註 42〕，治軍也是「軍威嚴肅」，令人「驚悚歎服」〔註 43〕。這種少年英雄往往是女性青睞的對象。上一章中提及武則天入宮前就對太宗存有良好印象，極有可能當時她就已經對太宗心懷崇拜了。武則天入宮後得見太宗真容。當時太宗三十九歲，正值青壯年，「好文學而辯敏，群臣言事者，上引古今以折之，多不能對」〔註 44〕，渾身散發著成熟男性的魅力。一般來說，情竇初開的單純少女很難抵禦這種充滿成熟魅力的中年男子。此時武則天正值青春期，對愛情充滿了美好的幻想。這位充滿男子氣息的皇帝應該是她寄託愛情幻想的絕佳對象。再者，權力是情慾的催化劑。在後宮，太宗是君權、政權和神權的統一化身，且理所當然擁有對全體妃嬪的丈夫之權。武才人的命運也掌控在他手中。最後，宮中男女比例嚴重失衡，只有太宗一名男性，后妃們對他的關注可想而知。絕大多數妃嬪長期情感壓抑，對太宗的情感期待和爭寵行為中除卻追求榮華富貴的心理外，當然也有渴慕男女情愛的心理。武則天也不例外。前文已述，武則天受母親的遺傳，情慾旺盛。這十二年正是她情慾最旺盛的時候，她應對太宗有著非常強烈的情愛需求。儘管太宗並非她一人的丈夫。

　　第二，寵愛需求。前文已述，武則天極有可能產生戀父情結，對太宗抱有父親般的幻想。太宗也確是少女的寄託戀父情結的理想對象。太宗對子女心存慈愛，愛護有加，對不肖子女既嚴加管教，亦手下留情。以長孫皇后所生的三子為例。長子承乾「性聰敏」〔註 45〕，「有足疾」〔註 46〕。太宗對他「甚愛之」〔註 47〕，按照立嫡立長的原則將他立為太子。後承乾沉溺聲色。太宗「大怒，悉收稱心等殺之，連坐死者數人，誚讓太子甚至」〔註 48〕。太宗的

〔註 42〕　〔宋〕司馬光：《資治通鑑》卷一八三「恭皇帝上義寧元年四月」條，北京：
　　　　　中華書局，1956 年版，第 5728 頁。
〔註 43〕　〔後晉〕劉昫等：《舊唐書》卷二《太宗本紀上》，北京：中華書局，1975 年
　　　　　版，第 24 頁。
〔註 44〕　〔宋〕司馬光：《資治通鑑》卷一九七「太宗貞觀十八年四月」條，北京：中
　　　　　華書局，1956 年版，第 6209 頁。
〔註 45〕　〔後晉〕劉昫等：《舊唐書》卷七六《恒山王承乾傳》，北京：中華書局，1975
　　　　　年版，第 2648 頁。
〔註 46〕　〔宋〕司馬光：《資治通鑑》卷一九六「太宗貞觀十七年正月丙寅」條，北京：
　　　　　中華書局，1956 年版，第 6183 頁。
〔註 47〕　〔後晉〕劉昫等：《舊唐書》卷七六《恒山王承乾傳》，北京：中華書局，1975
　　　　　年版，第 2648 頁。
〔註 48〕　〔宋〕司馬光：《資治通鑑》卷一九六「太宗貞觀十六年三月」條，北京：中
　　　　　華書局，1956 年版，第 6191 頁。

做法儘管有些嚴厲操切，但沒有因此廢儲。貞觀十七年（643），承乾謀反被人告發，此乃必死之罪。太宗嚴厲處置了參與人員，卻只將承乾廢黜流放完事。次子泰「少善屬文」，太宗對他寵愛異常，「以泰好士愛文學，特令就府別置文學館，任自引召學士」〔註49〕，「月給逾於太子」，「又令泰徙居武德殿」〔註50〕，還差一點立他爲太子。幼子治性格「仁弱」、「仁厚」〔註51〕，「岐嶷端審，寬仁孝友」。長孫皇后去世時，他才九歲，太宗對他「屢加慰撫」，親自撫養他，對他「特深寵異」，立爲太子後，太宗很重視對他的教育，「每視朝，常令在側，觀決庶政，或令參議」〔註52〕，「遇物則誨之，見其飯，則曰：『汝知稼穡之艱難，則常有斯飯矣。』見其乘馬，則曰：『汝知其勞逸，不竭其力，則常得乘之矣。』見其乘舟，則曰：『水所以載舟，亦所以覆舟，民猶水也，君猶舟也。』見其息於木下，則曰：『木從繩則正，后從諫則聖。』」〔註53〕。爲了替他解決邊疆問題和朝堂隱患，太宗不顧年邁親征高麗和薛延陀，又替他處置了一批桀驁不馴的老臣。太宗對他的婚姻子女問題也很關心，「不欲使子孫生於微賤耳」，乃「敕選良家女以實東宮」〔註54〕，選擇了出身高貴、美麗端莊的太原王氏爲太子妃。後李承乾、李泰二子爭儲，太宗揣度二子矛盾甚深，若將來其中一人繼承帝位，另一人必然被殺，因此「先措置晉王，始得安全耳」〔註55〕。太宗爲了身後諸子的關係痛徹心扉，以至於在大臣面前「自投於床」，「又抽佩刀欲自刺」〔註56〕。侍奉一旁的武才人極有可能見過這些場景。她眼見太宗關懷教導子女，不禁聯想起自己的家庭。顯

〔註49〕〔後晉〕劉昫等：《舊唐書》卷七六《濮王泰傳》，北京：中華書局，1975年版，第2653頁。

〔註50〕〔宋〕司馬光：《資治通鑒》卷一九六「太宗貞觀十六年正月」條，北京：中華書局，1956年版，第6174頁。

〔註51〕〔宋〕司馬光：《資治通鑒》卷一九七「太宗貞觀十七年十一月」條，北京：中華書局，1956年版，第6206頁。

〔註52〕〔後晉〕劉昫等：《舊唐書》卷四《高宗本紀上》，北京：中華書局，1975年版，第65頁。

〔註53〕〔宋〕司馬光：《資治通鑒》卷一九七「太宗貞觀十七年閏月辛亥」條，北京：中華書局，1956年版，第6199頁。

〔註54〕〔宋〕司馬光：《資治通鑒》卷一九七「太宗貞觀十七年十一月」條，北京：中華書局，1956年版，第6206頁。

〔註55〕〔宋〕司馬光：《資治通鑒》卷一九七「太宗貞觀十七年四月」條，北京：中華書局，1956年版，第6195頁。

〔註56〕〔宋〕司馬光：《資治通鑒》卷一九七「太宗貞觀十七年四月」條，北京：中華書局，1956年版，第6196頁。

然，在教育子女和平衡家庭關係方面，太宗比父親用心得多，也高明得多。武才人難免會對太宗產生敬愛嚮往之情，漸漸將他視作第二位「精神父親」。她年少離家，不得與親人相見，極有可能對太宗有女兒對父親般的親情期待。然而，充滿期待的武才人終究要面對一個冷冰冰的事實：太宗畢竟不是她的父親，她的戀父情感注定要落一場空。

二、太宗對武才人短暫的喜愛之情

　　武才人對太宗情感期待若此，她是否如願呢？從她入宮十幾年未曾生育、升遷的情形來看，學界普遍認為她在太宗朝不得寵。盧向前考證，太宗出征遼東高麗時，當時軍中攜帶妃嬪數十人，其中並無武則天〔註 57〕。武則天發跡後，曾為蘇蕙的《璇璣圖》大費辭章地作序。要知道，蘇蕙做《璇璣圖》是為了排遣消度被丈夫拋棄後的時日。武則天一生縱橫捭闔，所向披靡，何曾與棄婦有關聯？她唯一不得志之時就是為太宗才人的那十幾年。她給蘇蕙作序，或許就是憶及早年冷宮生活，同病相憐所致。武才人在太宗朝不得寵這一點已成定論，然筆者需要補充一點，那就是她可能在入宮之初得到過太宗短暫的喜愛。也就是說，武才人入宮之初得到過太宗寵幸，然並沒有發展成寵愛，理由主要有以下幾點：

　　第一，太宗主動將武才人召入宮中，應無不見之理。首先，根據後宮妃嬪制度，皇后之下共有近十個等級的妃嬪，有正一品的夫人四人，正二品的九嬪九人，正三品的婕妤九人，正四品的美人九人，正五品的才人九人，正六品的寶林二十七人，正七品的御女二十七人，正八品的采女二十七人，「其餘六尚諸司，分典乘輿服御」〔註 58〕。武才人年僅十四，一入宮即為五品才人，在後宮處於中等位置，可見太宗對她還是可以的，應該不會召入不見。其次，太宗早就聞聽武才人美名，召入宮後應無不見之理。又次，太宗在貞觀中後期情感寂寥，魏徵等諫臣也都已去世，其享樂浮靡心態應該更甚。武才人是五品才人，若是各級妃嬪位置並無空缺，那麼比她地位高的妃嬪共有31 人，與她同級的才人有 8 人。其中不少人都是比她早入宮伴駕的年長妃嬪。也就是說，比武才人地位高的新晉妃嬪其實並不太多。根據此時太宗沉溺女

〔註 57〕盧向前：《武則天與劉洎之死》，《浙江大學學報》，2007 年第 3 期。

〔註 58〕〔後晉〕劉昫等：《舊唐書》卷五一《后妃上》，北京：中華書局，1975 年版，第 2161～2162 頁。

色的浮華心態來看，武才人還是有機會蒙幸的。最後，武則天是武士彠的女兒。對於武士彠，太宗還是有些愧疚的。或許太宗閑暇之際想起此番前情，會對他的女兒產生一些憐憫照顧之意，自然要見一見。

第二，作爲才人，武則天得到寵幸的機會很多。才人的主要職責是「掌敘宴寢，理絲枲，以獻歲功」〔註59〕。也就是說，武才人在宮中主要安排宮中的宴會和休息，處理宮中女性的蠶絲紡織和政令傳達。這就很容易在宴飲、遊獵、娛樂、安寢等輕鬆愉快、私密安靜的場合見到太宗，受到寵幸的機會自然大大增加。《新唐書》言太宗給武才人「賜號武媚」〔註60〕，可見對她美貌的讚美和喜愛。這個名字輕鬆隨意，極有可能就是在宴飲、安寢甚至寵幸時隨口賜予的。需要指出的是，貞觀六年（632），太宗對還曾讚過魏徵「嫵媚」〔註61〕。

第三，從太宗駕崩後武才人的遭際上亦可看出這一點。武則天年輕貌美，在太宗左右侍奉飲食起居長達十幾年，又是太宗名正言順的妃嬪，不受寵幸的可能性不大。時人也多認爲武則天受到過太宗寵幸。她二度入宮後，高宗欲立爲后。褚遂良以她「經事先帝」爲由表示反對。高宗「大怒，命引出」。武則天「在簾中大言曰：『何不撲殺此獠！』」〔註62〕高宗性格一向沉靜內省，反應如此激烈，確屬罕見，武則天一生也極少如此失態，二人應是被揭短後惱羞成怒。駱賓王在《代李敬業討武氏檄》中也說武則天「昔充太宗下陳，曾以更衣入侍」〔註63〕。

第四，從武才人日後的愛情表現上也能看出端倪。一般來說，在男女關係裏，男女雙方的地位孰主孰次，主要取決於財產、地位、知識、性格、情感經驗等因素。就財產、地位而言，武才人是不能與太子相比的。按說武才人比太子年長四歲，年齡差距並不大，況且太子接受過良好的皇家教育，學

〔註59〕 〔後晉〕劉昫等：《舊唐書》卷四四《職官志·內官》，北京：中華書局，1975年版，第 1867 頁。

〔註60〕 〔宋〕歐陽修、宋祁：《新唐書》卷七六《則天武皇后傳》，北京：中華書局，1975 年版，第 3474 頁。

〔註61〕 詳見〔宋〕司馬光：《資治通鑑》卷一九四「太宗貞觀六年閏月乙卯」條，北京：中華書局，1956 年版，第 6210 頁。

〔註62〕 〔宋〕司馬光：《資治通鑑》卷一九九「高宗永徽六年九月」條，北京：中華書局，1956 年版，第 6290 頁。

〔註63〕 〔唐〕駱賓王：《代李敬業討武氏檄》，見〔清〕董誥：《全唐文》卷一九九，北京：中華書局，2009 年版，第 2009 頁。

識未必在武才人之下。太子被她迷住了，並且此後一直都未能從她的情感迷網中掙脫，只能從性格和情感經驗等方面尋找原因。從性格來看，武才人和太子相戀之初，雖然她性格剛強自主、處事幹練，但就當時她與太子的地位差距來看，其女強人性格恐怕只表現在職務上，在太子面前只能柔情似水。二度入宮之初，她在高宗、王皇后甚至宮僕面前表現得謙卑和順，其本色性格一直到參政以後才漸漸外現。也就是說，這段戀情在開始後相當長的一段時間內，太子處於強勢地位。再從情感經驗上來看，得遇武才人之前，太子至少有兩個妃子，即王氏和蕭氏。按說他有一定的情感經驗，但是他還是迷戀武才人，說明武才人的情感經驗極有可能比他豐富。武才人入宮前只是個十四歲的少女，不太可能有情感經驗。那麼她的情感經驗只能來自太宗。雖然太宗不喜歡她，然以她的智慧，是能從失敗的情感經歷中總結經驗教訓的。這種情感經驗的積累並非想像、道聽途說就可以得到，必須有直接經驗。武才人日後與太子的情感得以成功延續，極有可能就和她與太宗情感互動的失敗經驗有關。也就是說，武才人得到過太宗的寵幸。

　　需要指出的是，太宗寵幸她的次數應該不會太多，時間也不會很長。也就是說，太宗對她並不寵愛，理由有三：

　　第一，在這十二年中，武才人沒有懷孕生育記錄。當時太宗正值青壯年，武才人入宮後他仍舊得子，說明其未喪失生育能力。武才人的生育能力很強，後來為高宗接連生育多個子女即是明證。她入宮之初年紀尚幼，估計即便有得幸的機會，生育的可能性也不會很大。隨著年紀漸長，若是太宗經常寵幸她，她極有可能懷孕生育。實際情況是，她在初次入宮的十幾年裏沒有任何懷孕生育的記錄，說明她得到的寵幸不會太多，時間也不會很長。

　　第二，在這十二年中，武才人沒有任何升遷記錄。與她大約同時進宮的五品才人徐惠卻「俄拜婕妤，再遷充容」，「優賜甚厚」〔註 64〕。一般來說，皇帝寵幸妃嬪的頻次和時長與妃嬪的地位待遇基本上成正比。武才人久久未升職說明太宗並不經常寵幸她。

　　第三，從武才人的賜名上也可看出這一點。前文已述，太宗給武才人「賜號武媚」〔註 65〕。《舊唐書》載，「隋開皇末，為太子洗馬。皇太子勇嘗以歲

〔註64〕　〔後晉〕劉昫等：《舊唐書》卷五一《賢妃徐惠傳》，北京：中華書局，1975
　　　　　年版，第 2167 頁。
〔註65〕　〔宋〕歐陽修、宋祁：《新唐書》卷七六《則天武皇后傳》，北京：中華書局，
　　　　　1975 年版，第 3474 頁。

首宴宮臣，左庶子唐令則自請奏琵琶，又歌武媚娘之曲。綱白勇曰：『令則身任宮卿，職當調護，乃於宴座自比倡優，進淫聲，穢視聽。事若上聞，令則罪在不測，豈不累於殿下？臣請遽正其罪。』勇曰：『我欲爲樂耳，君勿多事。』」〔註66〕可見，《武媚娘歌》是一首格調不高的流行樂曲，至少在隋代就出現了。《朝野僉載》載：「永徽後，天下唱《武媚娘歌》，後立武氏爲皇后。大帝崩，則天臨朝，改號大周。」〔註67〕可見《武媚娘歌》在永徽後方才流行開來。也就是說，格調不高的《武媚娘歌》在貞觀以前已經出現，在貞觀時期流傳不廣。時太宗心思浮華，應該聞聽此曲，見武才人嬌媚可愛，信手拈來賜名與她。不難看出太宗對她是調笑玩賞之情，並非認眞熱烈的情感。此曲流行是在武則天立爲高宗皇后之後，同時也說明她在太宗時期確實不得寵，《武媚娘歌》並沒有因太宗賜名后妃走紅天下。

綜上所述，太宗寵幸過武才人，但並不寵愛她，這是爲什麼？關於這個問題，學界做過不少探討。有人認爲是武才人未能生育所致。這一點恐怕不能成立，差不多與武才人同時進宮的徐惠也未生育子嗣，也不影響她受寵一再升職。可見這不是主要原因。有人認爲是由於當時盛傳女主武氏代唐的傳言，「太白屢晝見」，主史占云：「女主昌。」民間又傳《秘記》云：「唐三世之後，女主武王代有天下。」太宗「惡之」，不僅錯殺了與「武」字密切相關的李君羨〔註68〕，對武才人也厭嫌起來。這種說法甚是荒謬。試想，既然主史占云「女主昌」，李君羨是男子，緣何因此被殺？以太宗和武士彠先前的微妙關係，他怎會忘記宮中還有一名姓武的才人？當時言論控制甚嚴，怎會有民間《秘記》大書此等忤逆之言？如果此事信實，太宗遺詔中怎會沒有提及？太子治怎會不知曉？又怎會毫無警惕地與姓武的女子產生感情，還力排眾議地要立她爲后？長孫無忌、褚遂良等託孤老臣在反對立武則天爲后時爲何不使出此殺手鐧？可見，此事著實虛妄。李君羨之死當另有他因。至於天授二年（691），已經稱帝的武則天「追復李君羨官爵」〔註69〕，不過是政治炒作罷了。還有人認爲武才人的性格不討太宗喜歡。這應該是可以成立的。太宗

〔註66〕 〔後晉〕劉昫等：《舊唐書》卷六二《李綱傳》，北京：中華書局，1975年版，第2373～2374頁。

〔註67〕 〔唐〕張鷟：《朝野僉載》卷一，北京：中華書局，1979年版，第12頁。

〔註68〕 〔宋〕司馬光：《資治通鑑》卷一九九「太宗貞觀二十二年七月」條，北京：中華書局，1956年版，第6259頁。

〔註69〕 〔宋〕司馬光：《資治通鑑》卷二○四「則天后天授二年二月」條，北京：中華書局，1956年版，第6472頁。

喜歡的女性如長孫皇后、韋貴妃、陰妃楊氏、德妃燕氏、楊氏（原齊王元吉妃）、徐充容等人，都是溫柔美麗、知書達禮、賢良淑德的女性。武才人與這些女性不同。她剛強自主，多有權術。僅就其面相而言，恐怕也非太宗所愛。武才人面相具體如何，諸史中並無明確記載。其幼女太平公主「方額廣頤」，與她相若，那麼她也應是「方額廣頤」了。「方額」就是額頭很方，「廣頤」就是下巴很寬，乃是飽滿之相。從面相上來看，這種面相的女性往往性格剛強堅毅，有雄傑之氣。從武才人精力旺盛、處事幹練等表現來看，她也確實如是。因此，太宗不喜歡她就在情理中了。

筆者認爲，太宗不愛武才人還有一些其他原因，大致有如下幾點：

第一，武才人不受寵與太宗的情感狀態有關。首先，武才人入宮時，太宗還沉浸在對長孫皇后的深情懷念之中。長孫皇后陪伴太宗出生入死幾十年，賢良淑德，輔佐有功。太宗與她感情篤厚。前文已述，武才人等新人入宮就與長孫皇后去世有關。太宗選入新嬪以求忘卻舊愛的情感自救行爲實際上是不可能奏效的。因爲安逸舒適、平庸單調的宮廷生活產生偉大愛情的可能性不大。即使產生愛情，其情感深度和強度恐怕也不能與那種戎馬倥傯、生死與共的愛情相提並論。武才人入宮時，長孫皇后剛剛去世一年多。太宗對長孫皇后的懷念之情自然會大大降低他愛上其他女子的幾率。無疑，包括武才人在內的新晉妃嬪很難超越長孫皇后在太宗心中的地位。

其次，武才人入宮時，曹王明的母親楊氏正「有寵於上」。楊氏原是齊王妃。玄武門事變後，太宗將其收入宮中。由於她曾是太宗弟媳，故在宮中沒有名分，但在她生子後，其他妃嬪再無生子記錄。太宗甚至一度「欲立（楊氏）爲皇后」。魏徵勸阻道：「陛下方比德唐、虞，奈何以辰嬴自累！」太宗「乃止」〔註70〕。此後太宗索性不再立后。可見太宗寧缺毋濫的情感心理。這種情感狀態下，太宗很難再與其他女性產生愛情。武則天等新晉妃嬪雖然貌美多才，但確實不容易激發太宗的愛情。

最後，與武才人大約同時進宮的徐惠也在受寵，此外還不斷有新人入宮。太宗雖然寵愛徐惠，但也只是「善其言，甚禮重之」〔註71〕，並非認眞持久的深愛。太宗仍與其他新晉妃嬪有親密接觸。徐惠也在《賦得北方有佳

〔註70〕　〔宋〕司馬光：《資治通鑒》卷一九八「太宗貞觀二十一年八月丁酉」條，北京：中華書局，1956年版，第6249頁。

〔註71〕　〔宋〕司馬光：《資治通鑒》卷一九八「太宗貞觀二十一年三月」條，北京：中華書局，1956年版，第6254頁。

人》、《長門怨》兩首詩中抱怨。值得注意的是，徐惠憑藉太宗的這點喜愛敬重之情一再升遷，「俄拜婕妤，再遷充容」〔註72〕。當時皇后之位空著，四妃均已有人，徐惠升到充容實際上已經無可再升。從徐惠的「受寵」升遷中，不難看出太宗對新晉妃嬪情感的匱乏。相比之下，其他新晉妃嬪就糟糕得多了，能得到皇帝如此眷顧的后妃可以說是微乎其微。在這種情況下，武才人能得到太宗的短暫寵幸和賜名已屬不易，此後沒有下文應是在妃嬪中相當普遍的情況。

　　第二，武才人不受寵與她和太宗的閱歷差距有很大關係。二人相差二十五歲，這個巨大的年齡差本就不容易產生愛情。她入宮時，太宗已經登上帝位十一年了，後宮佳麗甚多，想必他的情感經歷是相當豐富的。出於曾經滄海難為水的情愛心理，他對女性的審美要求越來越高，到武才人入宮時已是千帆閱盡了。他對女性也只剩下玩賞娛樂心理了，一般女性很難走進他的心靈。前文提及的天才少女徐惠僅憑太宗的一點敬重喜愛之情就躍居九嬪之首即可說明他對女性情感之有限。武才人那點嬌媚之態和青澀之情在他眼中並無新意。

　　再者，武才人與太宗年齡懸殊。一般來說，出於對女性姿容的愛慕，中年男子容易喜愛一個漂亮可愛、不諳世事的年輕姑娘，但是由於年齡、閱歷差距等原因，又很難持久地深愛她。太宗所思所想都是軍國大事，武才人這個小姑娘一時是不能理解的，太宗的人生經驗和信息儲備量也是她遠遠不及的。二人沒有共同語言，也就缺少了情感共鳴的可能。

　　最後，太宗晚年沉溺女色既有慰藉喪妻、喪女之痛的情感自救心理，也有成功者晚年自我陶醉之意。從前者來看，太宗對女性的情感期待之高是一般女子難以企及的，賢良淑德的長孫皇后後無來者，武才人等青澀小姑娘焉能望其項背？晉陽公主天真可愛，對太宗和哥哥李治充滿了真摯的依戀之情。這也是武才人所不具備的。武才人的父親是商人出身，靠政治投機、阿諛攀附起家。太宗對此非常清楚。他對武才人的情感付出和積極表現難免會大打折扣。前文已述，武才人對他的情感期待過高，在他面前刻意表現有很強的功利性。太宗飽經世事，自然明白個中原委。在情感世界裏，行為過於功利很容易招人反感。武才人的那點功利要求對他來說並不難辦，但是出於

〔註72〕〔後晉〕劉昫等：《舊唐書》卷五一《賢妃徐惠傳》，北京：中華書局，1975
　　　　年版，第2167頁。

反感，即便舉手之勞他也不願為之。對於有地位、有成就的中年男性來講，他們飽經人世滄桑。功成名就後，他們在情感上最需要的是真心的慰藉、忘我的付出，最厭惡的是帶有功利目的的感情投資。因此，武才人功利性的感情投資得到太宗回報的可能性極小。從後者來看，男性功成名就後需要他人的肯定和奉承，尤其喜歡女性的傾慕和追捧。武才人在馴馬一事中流露出的勇氣和膽略很容易引起他的反感。

　　也就是說，武才人和太宗的情感需求差別很大。對武才人而言，她強烈要求改變命運。太宗在她眼裏幾乎可以說是命運之神，但在太宗眼裏，她只是一個嬌媚的小姑娘，是能為他提供片刻歡愉的情感消費品和娛樂工具。這種反差甚大的情感期待必然會造成二人關係的不和諧。在不和諧的兩性關係中，男性不可能對女性付出太多。

　　第三，武才人在眾多妃嬪中優勢並不明顯。武才人雖然年輕貌美，但是後宮中何曾缺少年輕貌美的女子？她的修養和才華也不佔優勢，不少後宮女子都有良好的文史修養，未必就在她之下。早慧少女徐惠就是其中之一。她「生五月而能言，四歲誦《論語》、《毛詩》，八歲好屬文」，「遍涉經史，手不釋卷」，「其所屬文，揮翰立成，詞華綺贍」〔註73〕，也只能贏得太宗的一點喜愛之情。武才人在這方面顯然不如徐惠。太宗本就熟讀經史、才華過人，如果才華不是非常出眾，是很難引起他的注意的。武才人的母親出身高貴，她算是有一半的高貴血統，然亦不足奇。不少妃嬪都是顯貴之女。相反，她的父系血統倒是有些不上檯面。再者，武才人入宮之初，雖然蒙受寵幸，但她沒有把握好機會。一般來說，第一印象對以後的人際關係發展走向非常重要，男女關係尤其如是，更何況太宗妃嬪眾多又心思浮華。武才人一開始蒙受寵幸時年紀太小，並無情感經驗，駕馭太宗的情感難度很大。後來，她還不知輕重地在太宗面前發表了一番馴馬言論，亦不合太宗的心意。武才人一開始沒有把握好機遇，以後就不好再繼續深入發展了，而且越到後來太宗年紀越大，身體健康一日不如一日，又忙於改立太子、征東討西、服藥求壽等事，對後宮愈加冷淡，這就更不利於武才人實現她蓄謀已久的愛情計劃。

　　第四，武才人不受寵與太宗晚年的健康狀況有關。如果說武才人入宮時，太宗身體尚可，多沉溺女色，越到後來，太宗身體健康每況愈下，顯然會大

〔註73〕〔後晉〕劉昫等：《舊唐書》卷五一《賢妃徐惠傳》，北京：中華書局，1975
　　　　年版，第 2167 頁。

大影響他的後宮生活。相應地，武才人得幸的機會也會大大減少。諸史中多次出現太宗求醫延壽的記載，貞觀二十二年（648），王玄策破天竺國，「是時就其國得方士那邇娑婆寐，自言壽二百歲，云有長生之術。太宗深加禮敬，館之於金颷門內。造延年之藥。令兵部尚書崔敦禮監主之，發使天下，採諸奇藥異石，不可稱數」〔註74〕。貞觀末年，太宗「服那羅邇娑婆寐藥，竟無效；大漸之際，名醫不知所爲，議者歸罪娑婆寐，將加顯戮，恐取笑戎狄而止」〔註75〕。貞觀二十三年（649），太宗「苦利增劇」，竟要太子「晝夜不離側」地侍奉〔註76〕。有人認爲，太宗之死與濫服長壽藥物有關，並非全無道理。這都說明太宗晚年身體欠佳，又醉心服藥求壽。他在這種狀況下必然冷淡後宮。榮寵如徐惠者尚且未孕，武才人等一般妃嬪就更不用說了。

第五，武才人不受寵與太宗晚年政務煩心也有關係。封建帝王到了晚年，一般都會特別在意權柄，對朝臣多有猜忌。太宗也不例外。在他的猜忌下，貞觀十九年（645），侍中、檢校民部尚書劉洎被賜自盡。貞觀二十年（646），刑部尚書張亮被誣告謀反，雖「反形未具」，仍被處死〔註77〕。開國元勳李靖、尉遲敬德、李勣等人也遭到猜疑冷落。這說明太宗晚年心態不好，自然對後宮之事並無太大興致。太宗晚年還爲立嗣問題心煩不已。太子承乾沉溺聲色，不堪太子之位，魏王泰虎視眈眈，二子相爭竟鬧出謀反之事，令太宗頭疼不已。太宗與重臣多次商討，經過反覆權衡，才下決心立晉王治爲太子。新太子性格荏弱。太宗擔憂他不堪天子之位，對他的教育甚是重視。需要指出的是，皇家對太子的教育不同於其他皇子。由於新太子確立較晚，故太宗非常重視其教育問題。太宗不僅爲他安排了一批出色的老師，除掉了朝中幾個桀驁不馴的大臣，臨終前還刻意交代他如何處理李勣。這些事情都牽涉了太宗不少精力，至於後宮中不起眼的武才人，估計他早已忘記了。

也就是說，這十二年裏，太宗難忘前人，生活驕奢，心態浮靡，加之政務繁忙、健康惡化，難免冷淡後宮，很難產生熱烈持久的愛情。後宮那些美

〔註74〕〔後晉〕劉昫等：《舊唐書》卷一九八《天竺傳》，北京：中華書局，1975年版，第5308頁。

〔註75〕〔宋〕司馬光：《資治通鑑》卷二〇一「高宗總章元年十月戊午」條，北京：中華書局，1956年版，第6356頁。

〔註76〕〔宋〕司馬光：《資治通鑑》卷一九九「太宗貞觀二十三年五月」條，北京：中華書局，1956年版，第6267頁。

〔註77〕〔宋〕司馬光：《資治通鑑》卷一九八「太宗貞觀二十年三月」條，北京：中華書局，1956年版，第6236頁。

麗多才的年輕女子多是他的玩物和寵物，略沾皇恩已屬難得。武才人就是其中之一。他對她們最多是喜愛之情。不幸的是，這份喜愛之情又被聰慧賢良的徐惠分割走了，太宗給予武才人的只能是短暫的喜愛之情和漫長的冷落。關於太宗對武才人的情感，學界還有武才人「失寵」一說。這顯然經不起推敲。根據上文分析，武才人在太宗朝並不受寵，又何來「失寵」？

三、武才人的爭寵行為

　　根據上文分析，武才人雖然對太宗有很高的情感期待，但這對一個日理萬機的帝王來說，是微不足道的。太宗對她的憐憫和喜愛之情很快就消失了。他還有立嗣、遠征等許多國家大事需要料理。武才人也從此開始了淒冷的後宮生活。武才人是否甘心就此落寞呢？當然不是，她是定要抗爭一番的。經過總結，她至少做過如下抗爭：

　　第一，恪盡職守，以退為進。前文已述，武才人擔任才人一職十二年，掌管宴飲、皇帝食宿、妃嬪蠶桑、政令傳達等事務。由於工作性質，她和皇帝接觸較多。我們知道，侍奉帝王稍有不慎就會招來殺身之禍。她還要和妃嬪、宮僕打交道。妃嬪本是爭奪皇帝寵愛的競爭者。她們中的絕大多數人長期處於情感壓抑狀態，宮僕更是飽受身體戕害和欺凌壓迫。這些人在一起極易產生隔閡矛盾，然在這十二年中，諸史中未見她有過因工作失誤受到責罰或和妃嬪、宮僕產生矛盾的記載。看來她在宮中的人緣還是不錯的。也就是說，武才人儘管不受寵，然沒有自暴自棄，對工作非常認真盡責，對他人也非常友好。

　　第二，主動表現，積極爭取。前文已述，武才人將入宮當做改變命運的機會，自然要想辦法取悅太宗。關於父親的病逝，她無可奈何，無法「阻止」，對太宗她是接受教訓了的，一定要主動表現，想盡一切辦法阻止他的「離去」。入宮之初，太宗召幸了她，還給她賜名。這是一個良好的開端，但此後就沒有下文了。以她爭強好勝的性格來看，當然不肯就此罷休，那麼她究竟用何種辦法引起太宗注意呢？

　　心理學認為，模仿和學習對方的言行舉止能夠取得對方的好感。武才人也用了這一招。熟知模仿對象是模仿的前提。武才人瞭解太宗的機會很多。入宮前，她經常聽到家人講述太宗故事，甚至有可能見過太宗。這是她瞭解太宗的第一個途徑。入宮之初，太宗召見過她。這是她瞭解太宗的第二個途

徑。當時長孫皇后已經過世，太宗沒有再立后，備受寵愛的原齊王妃楊氏在後宮沒有名分，默默無聞，得寵的徐惠也是寬惠友善，後宮環境應該是比較寬鬆的，後宮女子受到的管束也相對較少。她們聚攏在一起最感興趣的話題莫過於太宗了。一些與太宗親近過的妃嬪應能就太宗的性格吐露一二。這是武則天瞭解太宗的第三個途徑。

她確實有不少地方模仿太宗，可從其日後的行爲中看出端倪：太宗酷嗜書法，有很高的書法藝術造詣。太宗喜好搜集書法作品，曾得古今名家眞跡一千五百多卷，而後臨摹鑽研，功力深厚。他酷愛王羲之書法，史載他「工王羲之書，尤善飛白」〔註78〕，「嘗出御府金帛購求王羲之書跡」〔註79〕。爲了得到《蘭亭序》眞跡，他先後三次把藏有眞跡的辨才和尚召到長安。遭到婉拒後，他又「以（蕭）翼爲監察御史，充使取（王）羲之《蘭亭序》眞跡於越僧辯才」〔註80〕，並以此爲平生一件得意之事，特召閻立本繪下《蕭翼賺蘭亭圖卷》，此後終生對《蘭亭序》賞玩不厭。自己身體力行的同時，他還在兒孫中倡導弘揚書法藝術。每獲王羲之佳作，他必令皇子們臨摹書寫，還親撰或親書了《秦王告少林寺主教碑》、《祭比干文》、《晉祠銘》、《溫泉銘》、《聖教序》等許多碑文。功勳卓著的臣子去世後，他親撰碑文紀念、表彰，如魏徵病逝後的碑文就是他親自撰寫的。他打破了以前各朝用篆書、隸書、楷書寫碑文的常規。他書寫《晉祠銘》時，用飛白書在螭首碑額上題寫了「貞觀廿年正月廿六日」九個大字。這是我國歷史上第一塊用飛白書題寫的碑額。他對自己的飛白書頗爲自得，經常賜予大臣以示嘉賞。如中書令馬周因輔政有功，他「嘗以神筆賜（馬）周飛白書曰：鸞鳳淩雲，必資羽翼。股肱之寄，誠在忠良」〔註81〕。朝臣也以得到他的飛白賜書爲榮，有時爲了達到目的，竟然忘記了君臣禮法。如貞觀中，他在玄武門設宴，赴宴者均爲三品以上高官。「帝操筆作飛白字賜群臣，或乘酒

〔註78〕 〔後晉〕劉昫等：《舊唐書》卷七四《劉洎傳》，北京：中華書局，1975 年版，第 2608 頁。

〔註79〕 〔後晉〕劉昫等：《舊唐書》卷八〇《褚遂良傳》，北京：中華書局，1975 年版，第 2729 頁。

〔註80〕 〔宋〕計有功：《唐詩紀事校箋》卷五《蕭翼》，上海：上海古籍出版社，1955 年版，第 129 頁。

〔註81〕 〔後晉〕劉昫等：《舊唐書》卷七四《馬周傳》，北京：中華書局，1975 年版，第 2619 頁。

爭取於帝手，（劉）洎登御座引手得之」〔註82〕。結果，劉洎被彈劾，論罪當處死，他一笑了之。

　　武則天也對書法頗有興趣。她不僅在書法史上佔有一席之地，還喜歡搜集書法作品。書法家裴行儉「所撰《選譜》、《草字雜體》數萬言。又為營陣、部伍、料勝負、別器能等四十六訣，武后詔武承嗣就第取去」〔註83〕。她對王羲之的書法作品也很有興趣。神功元年（697）五月，她「嘗就求（王）羲之書」。王方慶主動獻上家中僅存的一軸。她很高興，「御武成殿遍示群臣，詔中書舍人崔融序其代閱，號寶章集，復以賜方慶，士人歆其寵」〔註84〕。她一生也親撰或親書了許多御碑，至今還有多塊留存於世。如河南嵩山少林寺碑林中存有武則天撰、著名書法家王知敬書的《唐天后御製詩碑》，河南登封縣石淙山立有武則天作詩、著名書法家薛曜楷書的《夏日遊石淙詩》摩崖刻石，陝西乾縣乾陵朱雀門外立有武則天撰文、唐中宗李顯楷書的《述聖紀》碑。《述聖紀》碑碑文洋洋灑灑長達八千餘字，創下了中國歷代帝王御碑碑文之最。武則天擅長草書和飛白體，也在書法史上佔有一席之地。她晚年所撰的《升仙太子碑》以飛白書題額，以草書書寫，長達兩千餘字，首開我國草書入碑之先河。該碑就是模仿二王、效法太宗《晉祠銘》而寫，筆法柔和圓俊，獨具武氏風格，尤其是碑額的「升仙太子碑」幾個飛白大字寫得雲飛纖巧，儀態不俗，堪稱珍品。她也喜歡將其飛白書賜予臣下，姚璹等人都曾得此殊榮。

　　武則天對太宗的性格多有模仿。前文提及她早年在太宗面前發表馴馬言論一事，說她此時已有虐待動物的暴力傾向，與受到族人欺凌後的壓抑痛苦有關。其實，她這番驚人言論與刻意模仿太宗性格也有關係。太宗早年是馬上英雄，從屍山血海中一路走來，踏著兄弟的屍首登上皇位。他英明威武之餘，不免有幾分殘忍和酷戾。這番駭人的馴馬言論，若是太宗之言，怕是要更合適一些，可偏偏出自一個從未見過刀光劍影的小姑娘之口，難免讓人匪夷所思。可以想像，太宗對無法調馴的寶馬束手無策，群臣面面相覷，一旁

〔註82〕〔後晉〕劉昫等：《舊唐書》卷七四《劉洎傳》，北京：中華書局，1975年版，第2608頁。

〔註83〕〔宋〕歐陽修、宋祁：《新唐書》卷一〇八《裴行儉傳》，北京：中華書局，1975年版，第4088頁。

〔註84〕〔宋〕歐陽修、宋祁：《新唐書》卷一一六《王綝傳》，北京：中華書局，1975年版，第4224頁。

侍側的小姑娘武才人主動上前獻計，當然有故作驚人之語引人注意之意。這應是她聽人傳言太宗神威，又親眼見其英武風采，對他這一性格了然於心，故而刻意模仿，也敢於在他面前如此高談闊論。出乎她的意料，太宗只是驚訝於她的勇氣和膽量，然後就沒有下文了。因爲對一個身經百戰的帝王來說，勇氣和膽量並非稀罕之物，而且此時戎馬打天下的日子已經過去，太宗又奢靡驕縱，自我陶醉，需要的是嬌媚可愛、賞心悅目的女性，而非剛強果敢的女強人，況且他愛馬成癡，恐怕也不會接受如此強橫酷烈的馴馬方法。

武才人還刻意模仿太宗喜愛的女性以迎合太宗的審美情趣。太宗在女性審美上不重色相，重取賢德和文采，最欣賞賢良自持、安守婦道的長孫皇后。長孫皇后作爲太宗身邊最受寵愛敬重的女性，對妃嬪們是有榜樣作用的。武才人也刻意模仿長孫皇后。如長孫皇后愛讀書、編書，武則天亦如是。史載長孫皇后「少好讀書，造次必循禮則」〔註85〕，「益觀書，雖容櫛不少廢」〔註86〕，「嘗撰古婦人善事，勒成十卷，名曰《女則》」〔註87〕。武則天被立爲高宗皇后的前半年，就倣仿長孫皇后寫了《內訓》一篇，立后後又陸續召集文士替她撰寫《古今內範》一百卷、《青宮紀要》三十卷、《少陽政範》三十卷、《維城典訓》二十卷、《鳳樓新誡》二十卷等，性質都與《女則》相同，應是訓誡婦女之類的文章。又如長孫皇后抑制外戚發展，武則天亦倣仿之。太宗要給長孫皇后的哥哥長孫無忌委以重任，長孫皇后「固言不可」。太宗堅持，她「又密遣無忌苦求遜職」〔註88〕。長孫皇后還「嘗著論駁漢明德馬后以不能抑退外親，使當朝貴盛，徒戒其車如流水馬如龍，是開其禍敗之源而防其末流也」〔註89〕。武則天立后後，明明是報復族兄將其外放遠州，也要做出一番謙抑之狀，還在顯慶元年（656）九月特製《外戚誡》獻於朝。太宗喜愛的妃嬪徐惠曾諫言太宗不要窮兵勞民，要息民節儉，武則天亦有模仿之舉。顯慶六年

〔註85〕〔後晉〕劉昫等：《舊唐書》卷五一《長孫皇后傳》，北京：中華書局，1975年版，第 2164 頁。

〔註86〕〔宋〕歐陽修、宋祁：《新唐書》卷七六《長孫皇后傳》，北京：中華書局，1975 年版，第 3470 頁。

〔註87〕〔後晉〕劉昫等：《舊唐書》卷五一《長孫皇后傳》，北京：中華書局，1975年版，第 2166～2167 頁。

〔註88〕〔後晉〕劉昫等：《舊唐書》卷五一《長孫皇后傳》，北京：中華書局，1975年版，第 2165 頁。

〔註89〕〔宋〕司馬光：《資治通鑒》卷一九四「太宗貞觀十年六月」條，北京：中華書局，1956 年版，第 6121 頁。

（661）初，高宗欲親征高麗，「皇后抗表諫親征高麗；詔從之」〔註90〕。其實，武則天與長孫皇后、徐惠本不是一類性格的女性，風情各有千秋。她與這兩位女性行為相似應不是偶然。她可能有意模仿這兩位受寵女子以討好太宗。這些行為都發生在太宗崩逝以後，可見這種模仿已經深深地植入了她的心理。

　　此外，太宗對異性的審美態度對武則天也有影響。太宗晚年似乎偏好才貌雙全的女性，有時候才學比容貌更為重要，如徐惠就是以文採得寵。太宗還不忌諱和后妃談論政事，前問政於長孫皇后，後又褒獎上書勸諫的徐惠。武則天晚年對異性的態度亦如是。在她喜愛的異性中，不僅有年少貌美、善音律、粗略能文的二張，還有宋之問、沈佺期、李嶠、蘇味道、閻朝隱等清雅高逸的文學之士。她也不忌諱讓他們參與朝政。由此可見，武則天確實在模仿取悅太宗上狠下了一番工夫。

　　綜上所述，武才人在太宗朝並不得志。太宗寵幸過她，對她有過短暫的喜愛之情，卻從未深愛過她。她儘管對太宗有過很高的情感期待，也竭力討他喜歡，仍未將太宗短暫的喜愛之情成功地轉化為狂熱的愛情和持久的深情。對於太宗來說，她只是一個嬌媚可愛、不諳世事的小姑娘，性格非己所愛，才學也不出眾，並無讓他駐足停留的理由。至於她那些改變命運的想法、戀父情結、女性的情感欲望等對他來說幾乎毫無意義。就這樣，武才人懷著青春的悵惘和失落在宮中度過了漫長的十二年。太宗駕崩後，她按例和其他宮人一起出家為尼，為太宗祈福守節。她在青燈古佛面前想的恐怕也不是矜持自守，了此一生。她當然會回憶這十幾年來的宮廷生活，反思自己的過失，總結經驗教訓，仍未放棄改變命運的想法。下面要探討的是這十幾年的宮廷生活究竟對她有何影響。

第三節　早年宮廷生活對武則天的影響

　　武則天入宮時年方十四，正是形成人生觀的重要時期。太宗駕崩後，她已是一名二十六歲的少婦了，人格已經基本定型。顯然，這十二年的宮廷生活對她人格的影響甚巨。下面試深析之。

〔註90〕〔宋〕司馬光：《資治通鑒》卷二〇〇「高宗龍朔元年四月癸巳」條，北京：中華書局，1956 年版，第 6324 頁。

一、暴力人格的初成

學界早已注意到武則天具有典型的暴力人格。她的暴力人格指她在人際交往中只能接受對方無條件地服從，若是對方不服從或者反抗，她就會採取一切嚴厲手段對其進行威脅、制裁，直到對方無條件服從或死亡為止。這種「順我者昌、逆我者亡」的暴力思維是封建君主專制在帝王人格上的表現之一。

這種暴力人格幾乎貫穿了武則天的一生。前文提及她入宮前，不見悲傷惶遽，「獨自如」，還安慰母親道：「見天子庸知非福，何兒女悲乎？！」〔註91〕不難看出，她在入宮前就已具備大膽冒險的性格特徵。這是其暴力人格的底色。她入宮後那番駭人的馴馬言論非常明顯地流露出虐待動物的暴力傾向。這是研究武則天早年生活的重要材料，說明她當時已經具有支配自主、暴力強勢的權威人格特徵。

在武則天以後的政治生涯中，不附己者不是被她馴服，就是被她殺死。先看武則天的親屬。武則天為立后，不惜借長女之死打擊情敵，當上皇后先是封賞親屬，一家人可謂沾光不少，然而武氏族兄並不感恩。武則天立即處置了他們。武元慶被貶為龍州刺史，「以憂卒」，武元爽「坐事流振州而死」〔註92〕，武惟良、武懷運也被她設計誣陷致死。外甥女魏國夫人「以後故出入禁中，皆得幸於上」。武則天設計將她鴆殺。賀蘭敏之後因放誕無禮、不附武則天等原因被流放雷州，「復其本姓。至韶州，以馬韁絞死」〔註93〕。皇子們也備受打壓。李弘和李賢因不附武則天屢次受到排斥打擊，結果二人均不以壽終。李顯妃趙氏被武則天「幽死於內侍省」〔註94〕。李顯登基一個月就被她廢黜，先是「幽於別所」，三個月後「遷於均州，尋徙居房陵」〔註95〕。在房陵時，「每使至」，李顯「輒恐，欲自殺」〔註96〕，直到聖曆元年（698）

〔註91〕〔宋〕歐陽修、宋祁：《新唐書》卷七六《則天武皇后傳》，北京：中華書局，1975年版，第3474頁。

〔註92〕〔宋〕司馬光：《資治通鑒》卷二〇一「則天后乾封元年八月」條，北京：中華書局，1956年版，第6349頁。

〔註93〕〔宋〕司馬光：《資治通鑒》卷二〇二「高宗咸亨二年六月丙子」條，北京：中華書局，1956年版，第6367頁。

〔註94〕〔後晉〕劉昫等：《舊唐書》卷五一《中宗和思皇后趙氏傳》，北京：中華書局，1975年版，第2171頁。

〔註95〕〔後晉〕劉昫等：《舊唐書》卷七《中宗本紀》，北京：中華書局，1975年版，第135頁。

〔註96〕〔後晉〕劉昫等：《舊唐書》卷五一《中宗韋庶人傳》，北京：中華書局，1975年版，第2171頁。

才重返洛陽。李旦剛剛登基就居於「別殿」，「政事決於太后」，「不得有所預」〔註97〕。長壽二年（693），她殺死了李旦二妃，「瘞於宮中，莫知所在」，還差點誤殺李旦〔註98〕，後又一度懷疑李旦有「異謀」，逼得有人剖腹明志，李旦方得幸免。她對待臣子更是如此。長孫無忌、褚遂良、來濟、郝處俊、徐敬業、裴炎、程務挺等一大批不順從她的朝臣都被她殺死。

　　前文提及光宅元年（684）武則天剛剛平定徐敬業之亂後召集群臣訓話的那場政治秀，頗能看出她好大喜功、愛樹私威的性格。當時她六十一歲，看來她晚年依然有支配、自主、威懾的性格特點。

　　不難看出，武則天的暴力人格幾乎貫穿了一生。對此學界論述頗多，然對其成因的研究仍欠缺細緻深入，筆者在此試做一番探述。上一章中已概述了武則天的殘酷性情，其暴力人格與族兄的欺凌有關。其實，她的暴力人格還與初次入宮的經歷有關，在此筆者再做一番補充說明。

　　我們知道，「攻擊性是人的一種本能，而遭到目的抑制的本能常常產生強烈的對象性發洩和持久的內驅力，從而使人原本即有的攻擊性愈爲強化」〔註99〕。就武則天而言，由於父母的影響，她性情中天生就有一股不安現狀、奮力進取的精神。這種精神本身就蘊含著對一切阻撓壓制的反抗，這其實已經隱隱包含了攻擊性。前文已述，武士彠去世後，武則天母女受到了武氏族人的欺凌，武則天幼小的心靈受到了嚴重壓抑。她入宮時，不見對親人的依依不捨，不見對前景的擔憂，卻說：「見天子庸知非福，何兒女悲乎？」〔註100〕這句話非常明顯地流露出她性格之大膽和敢於冒險，也隱隱流露出她深埋心中的壓抑和痛苦。這種壓抑和痛苦強化了她本能中的攻擊性。入宮後，她必然要適應全新的、單調乏味的宮廷生活，必然要受到各種禮儀的束縛，很難有激烈的運動或者娛樂方式來宣洩早年鬱結的負面情緒。這些負面情緒沒有得到釋放和宣洩，而是隨著時間的流逝沉潛入心底。我們知道，青少年時期的經歷對人的一生有非常重要而持久的影響。問題就在這裡，一個小小年紀

〔註97〕　〔宋〕司馬光：《資治通鑒》卷二〇三「則天后光宅元年二月己未」條，北京：中華書局，1956 年版，第 6418 頁。

〔註98〕　〔宋〕司馬光：《資治通鑒》卷二〇五「則天后長壽二年正月」條，北京：中華書局，1997 年版，第 6488 頁。

〔註99〕　尚永亮：《貶謫文學與貶謫文化——以中唐元和五大詩人之貶及其創作爲中心》，蘭州：蘭州大學出版社，2004 年版，第 163～164 頁。

〔註100〕　〔宋〕歐陽修、宋祁：《新唐書》卷七六《則天武皇后傳》，北京：中華書局，1975 年版，第 3474 頁。

的女孩兒，身上背負如此長久的仇恨怨懟和如此蓬勃的野心，又沒有及時疏導，必會影響她的心理健康。這種情緒會隨著時間的延續而逐漸沉潛於潛意識中，表面看來，一切都在隨著時間逐漸淡化，實際上轉化成了一種更深層次的傷痛記憶，主體甚至都無法意識到這種潛意識給其人格帶來的持久影響。被壓抑的生命能量會轉變為對其他事物的不友好，甚至是攻擊行為。從她對待親屬、政敵的方式等表現可看出她壓抑於心的仇恨之深。表達這些負面情緒是需要權力支撐的。此時她只是一名普通的才人，尚無權力表達個人意願和怨怒。於是，少年武則天下意識地將長久壓抑的負面情緒轉化為對烈馬的殘忍。她晚年還以此為能，沒有意識到這些狠話從一個小姑娘口裏說出來是多麼讓人驚訝。

武則天的暴力人格與太宗也有關係。前文已述，她對太宗多有模仿取悅行為。相應地，太宗的果斷和殘忍，她也不自覺學了去。太宗年輕時縱橫沙場，驍勇善戰，為唐朝開國立下了赫赫戰功，後發動玄武門事變，殺死手足，脅迫尊親，登上帝位後，端居朝堂，統領群臣。武則天在政治鬥爭中也模仿太宗，毫不手軟，對骨肉親眷毫不留情，稍有威脅即行剷除。這一點前文已有詳述，茲不重複。

武則天的暴力人格與其早年宮廷生活也有關係。武則天在太宗身邊的十二年是她一生中最美好的青春歲月。她正常的情感需求沒有得到滿足，大好青春白白葬送在深宮裏，沒有人同情和憐憫。這對一個妙齡女子來說，無疑是巨大的摧殘。有過這種情感缺失經歷的女性往往性情殘忍冷酷，手段鋒利激烈，有很強的攻擊性，且情慾愈是旺盛，性格愈是剛強，其性情就會越殘酷，攻擊性也就越強。她在太宗身邊還親歷了一些宮廷中的血雨腥風。太宗晚年的猜忌心理嚴重，先後賜死多名老臣。李承乾和李泰為爭奪太子之位兄弟相殘，差點生出弑君的政變來。這都讓她領略到了政治鬥爭的殘酷，讓她明白了強者生存的道理，也強化了她「順我者昌、逆我者亡」的暴力觀念。

由此可見，武則天的暴力人格與其早年家庭生活和宮廷生活有關。這種人格特徵體現在政治生活中就成了任用酷吏、濫用酷法的統治政策。酷吏和酷法都是她「馴馬」的工具。她憑藉這些「利器」，開始了她政治生涯中一輪輪的馴馬行動。

二、王者才幹的初成

武則天無疑是一位出色的皇帝，其政治才干與初次入宮的經歷大有關係。從她的個人經歷來看，其二度入宮後境遇開始好轉，不幾年就被立爲后，後來開始參政，越來越接近皇帝寶座。其命運轉機與她的政治才幹密不可分，其政治才幹的形成與其初次入宮大有關聯。下面試一一析之。

第一，武則天從太宗身上學習了不少治國經驗。學界對此早有認識。陳曄說：「武則天繼承和發揚了唐太宗治理國家的才識和膽略，改進了一些制度，對後代也有深遠的影響。她處事果決，符合情理，順乎民心，對唐王朝的鞏固和發展作出了一定的貢獻。」〔註101〕楊劍虹也說：「她在唐初休養生息的基礎上，繼承了唐太宗的文治武功，保衛了國家安全，促進了民族交往，穩定了封建秩序，爲以後開元盛世的到來奠定了基礎。」〔註102〕可以說，太宗是武則天繼父親之後的第二位政治老師。前文提及太宗對楊氏群妃並無政治上的猜忌和防備，對身旁侍奉的武才人也應如是。太宗處理政務的片言隻語、一些短暫的交談都有可能落入一旁侍奉的武才人耳中。她還「利用御書房侍奉文墨的機會，接觸皇家公文，抓緊時間學習一般人見不到書籍典章，努力充實自己，不斷增長政治知識，學習到了太宗任人唯賢、虛懷納諫、勵精圖治的風範，也學到了治國安邦的政治權變，爲她以後參政稱帝奠定了堅實的基礎」〔註103〕。她不僅學到了太宗任人唯賢、虛懷納諫、勵精圖治的風範，還學到了治國安邦的政治權變，爲她後來參與朝政、稱帝執政奠定了堅實的基礎。從她的政治舉措上不難發現這一點，下面試舉例如下：

太宗反感驕矜的山東舊族，命人修改《姓氏錄》，「欲崇我唐朝人物冠冕，垂之不朽，何因崔幹爲第一等，列爲第三等，合二百九十三姓。分爲九等，頒於天下」，意在打壓高門，抬高皇室地位。這是一個很狹窄的圈子，基本上沒有打破門閥等級。武則天立后後，立即鼓動高宗放手擴大這個圈子。「顯慶四年九月五日，詔改氏族志爲姓錄」，「凡二百四十五姓，二百八十七家」〔註104〕，對高門打壓更甚。太宗撰有《帝範》，教育太子如何做好帝王，武則

〔註101〕陳曄：《武則天在輔助高宗時期的政績》，選自樊英峰主編《乾陵文化研究》，西安：三秦出版社，2006年版，第93頁。

〔註102〕楊劍虹：《武則天新傳》，武漢：武漢大學出版社，1993年版。

〔註103〕朱子彥：《略論中國封建社會的后妃干政》，《上海大學學報》，1994年第1期。

〔註104〕〔宋〕王溥：《唐會要》卷三六《氏族》，北京：中華書局，1955年版，第664頁。

天撰有《臣軌》，教育臣子如何盡本分。二者「並行，今亦有合刻本流佈於世」〔註105〕，似有呼應關係。上元元年（674），武則天提出的「建言十二事」是一套完整的治國綱領，把太宗的治國路線更加具體化了。

太宗好詩能詩，經常率領眾臣賦詩，其重用臣子也多是文臣，貞觀後期更是注重文采。對此前文已有提及，茲不重複。武則天終生都喜好詩歌藝術，經常聚集詩人吟詩唱和，還舉辦詩歌競賽會，部份年號如光宅、垂拱等也富於文學性。她執政後大力提拔文學之士，偏重文采，武周文壇因此彌漫著一股文采飛揚而毫無生命的文學濁流。更令人稱絕的是，她還將詩賦創作作為科舉選人的重要參考標準，從制度上肯定了詩歌的崇高地位；她還經常給人賜姓以表達愛憎之情，甚至到了迷信文字力量的地步。

武則天處理政治集團的手段也與太宗相似。武則天親歷太宗改立太子風波。當時太子承乾和魏王泰都競相發展各自的政治勢力，「文武群官，各有附託，自為朋黨」〔註106〕，在朝中各成派系。這種二子爭鬥的場面很容易危及皇帝本身。當初太宗就與兄弟爭奪皇位繼承權，最後發動玄武門事變，連老父親一起請下了皇位。太宗很清楚高祖的前車之鑒。作為過來人，太宗眼見太子承乾已經向自己下手，魏王泰也難保不會如此。為避免悲劇再現，不如同時將兩個小集團粉碎。這一點武則天學到了。武則天在執政時期大力提拔過寒士，也重用過外戚和酷吏，還讓面首參與政治事務，但始終將國家的核心權力牢牢掌握在自己手中。她刻意扶植武氏親屬，以期與李氏集團抗衡，又大力培養了一個以面首、文士為主的私人政治集團，以監督、牽制、平衡、防範李武兩集團，以防他們因爭鬥危及自身。

武則天在處理民族關係方面也有學習太宗之處。太宗推行了較為平等的民族政策，任命各民族首領擔任領導，用和親的辦法改善與少數民族的關係，對待有敵意的少數民族，叛則討之，降則撫之。武則天對太宗的民族政策既有繼承，也有發展。她主要採取軍事行動和和親的辦法來處理民族關係。以和親為例。繼太宗時將文成公主嫁給吐蕃後，她又陸續將公主嫁給突厥、吐谷渾、吐蕃，不僅有助於改善民族關係，也有助於發達的唐文化在這些民族的傳播〔註107〕。她還繼續實行太宗重用各民族首領擔任領導的政策，頗有成

〔註105〕〔唐〕武則天：《臣軌》題《臣軌》後，第65頁。

〔註106〕〔後晉〕劉昫等：《舊唐書》卷七六《濮王泰傳》，北京：中華書局，1975年版，第2655頁。

〔註107〕歐遠方：《李治和武則天──讀史札記》，《安徽師大學報》，1996年第2期。

效，使唐朝行政力量東至遼，西到碎葉（今吉爾吉斯共和國境內），北至燕然
（擁有整個北方大漠）。可見，武則天的政風頗似太宗，史學家稱她的統治時
代爲「小貞觀」正是此意。

　　武則天的人格行爲與太宗有不少相似之處。儘管武則天在得遇太宗之
前，就已經流露出王者的雄心氣概。其伴隨太宗十幾年，長期的政治薰染無
疑強化了這種王者性格。如太宗能容魏徵等諫臣直言，多次被魏徵當廷頂撞
而不計較。可見其心胸寬廣，同時他的猜忌心也很強，前文提及他晚年猜忌
劉洎、張亮、李靖、尉遲敬德、李勣等人即是例證。武則天亦是如此。她能
對撰文污蔑謾罵她的駱賓王一笑了之，對其作品「遣使求之」，做出「素重其
文」的姿態〔註108〕。可見其雍容大度的帝王風範。她的猜忌心也絲毫不遜於
太宗，甚至對親生兒子李顯、李旦也不例外，前文已述，茲不重複。又如太
宗很注意納諫，鼓勵臣下提出不同意見。武則天從政期間亦注重納諫。她在
垂拱元年（685）始置左右補闕、左右拾遺。按照《唐六典》所述職責，補闕、
拾遺「掌供奉諷諫，扈從乘輿。凡發令舉事有不便於時，不合於道，大則廷
議，小則上封」〔註109〕。後來她又置銅匭大興告密之風，雖然有些過火，但
是其廣開言路的指導思想與太宗一脈相承。再如太宗晚年濫用長生藥物延
壽，武則天在一側侍奉，自然是知道的。武則天晚年求壽行爲更甚，單就求
藥而言，就先後讓武什方、胡惠超、葉法善等人爲其採藥煉丹，其面首沈南
璆、二張得寵也都與其善於醫術和煉丹有關〔註110〕。

　　第二，早期的入宮經歷使她對宮廷生活有了更深的瞭解。這是一個帝王
必備的政治知識。妃嬪爭寵、皇子爭儲都讓她領略到了宮廷生活的殘酷無情。
太宗、妃嬪、皇子、公主、太監、宮女、老師、衛隊等都是她經常耳聞目睹
的對象，是她日常生活環境的構成部份。這些宮廷生活風貌都牢牢地刻在了
她的心裏。這十幾年裏，她還見識了后妃們的悲慘命運。在後宮中，無論是
失寵人，還是受寵人，都不過是被侮辱、受損害者，不但肉體供人蹂躪，而
且精神長期受到壓抑。后妃們壽命往往不長。今人統計諸史中明確提到年齡

〔註108〕〔後晉〕劉昫等：《舊唐書》卷一九〇《駱賓王傳》，北京：中華書局，1975
　　　　年版，第5007頁。
〔註109〕〔唐〕李林甫等撰，陳仲夫校：《唐六典》卷八《門下省》，北京：中華書局，
　　　　1992年版，第247頁。
〔註110〕詳見司海迪《試論武則天晚年求壽行爲及對文學的影響》，《社會科學論壇》，
　　　　2013年第4期。

的內官，「內官中年齡最大的爲 81 歲，最小的爲 18 歲，平均年齡爲 40 歲零 9
個月，低於后妃的平均年壽 43 歲零 2 個月」〔註 111〕。關於宮官的壽命，正史
記載甚少，現本於李燕捷的《唐人壽命總表》，加之以《唐代墓誌彙編》和《唐
代墓誌彙編續集》，統計了有關宮人的享年。「據統計，宮人的壽命比后妃高。
雖然宮人與后妃的生活相比，是天壤之別，但是宮人距離政治、權勢的爭鬥
與后妃相比相差甚遠，這樣她們就可以相對遠離政治迫害，給自己一個比較
緩和的生存環境。有學者指出宮人的物質生活條件可能談不上十分優越，但
其基本生活既有保障又相對穩定，而且，她們沒有生育帶來的生命威脅，從
這兩方面講，宮人的壽命又應比一般女性人口要長。另外，宮女的精神生活
固然孤寂，但如若她們抱有僧人道士般的生活態度，可能還會轉化爲延長壽
命的有利因素」〔註 112〕。后妃由於爭寵鬥爭往往心情憂鬱焦慮，故更容易年
壽不長。其實，得寵的后妃也往往難逃悲劇命運。如長孫皇后生前「常繫毒
藥於衣帶」〔註 113〕，以備不測。那位原爲齊王妃的楊氏在玄武門事變後被太
宗收納宮中，雖蒙受皇寵，但終因是太宗弟媳而終生沒有名分。前文提及的
太宗甚是禮遇的徐惠在太宗駕崩後「追思顧遇之恩，哀慕愈甚，發疾不自醫，
病甚」〔註 114〕，遂於永徽元年（650）卒，年僅二十四歲。武則天在這十幾年
裏耳聞目睹后妃們的悲劇命運，如何避免不幸、改變命運成爲她日夜思考的
重要問題。事後證明，武則天這十幾年的辛苦思考沒有白費，她成功地走出
了后妃們不幸命運的窠臼。

　　當然，她也有收穫。首先，她長期擔任才人一職，提高了處理事務的能
力。前文已述，才人一職主要負責安排帝王宴飲、音樂、休息及宮中女子蠶
絲紡織等事務，自然免不了與皇帝、各級妃嬪、宮僕頻繁接觸，對處理人際
關係、應對場面等能力要求較高。她默默無聞，盡心盡力。長期的鍛鍊養成
了她心思細密、認眞踏實、善於應對、臨危不亂、自主支配的性格特點。這
是一個傑出帝王必不可少的。她日後處理問題時剛毅自主，有強烈的支配欲

〔註 111〕 吳以寧、顧吉辰：《中國后妃制度研究》（唐宋卷），上海：華東理工大學出版
　　　　 社，1995 年版，第 155 頁。
〔註 112〕 李燕捷：《唐人年壽研究》，北京：文津出版社，1983 年版，第 216～217 頁。
〔註 113〕 〔宋〕司馬光：《資治通鑒》卷一九四「太宗貞觀十年六月」條，北京：中華
　　　　 書局，1956 年版，第 6120 頁。
〔註 114〕 〔後晉〕劉昫等：《舊唐書》卷五一《賢妃徐氏傳》北京：中華書局，1975
　　　　 年版，第 2169 頁。

望，很可能就是從這一職務上磨練出來的。其次，她在擔任才人職務期間發現，宮僕們負責宮廷日常生活，編織了一個強大的情報網，同時他們地位卑下，待遇微薄，略施小惠就可收買。她通過和宮僕接觸，熟悉了宮廷的基本生存法則，對宮廷細碎事務和宮僕之力量有了深刻認識。這對她以後利用宮僕力量重返宮廷並取得一系列宮廷鬥爭的勝利有著莫大幫助。最後，唐代承北朝雄健之風，君王外出遊玩，往往有才人騎射隨行伴駕。杜甫在《哀江頭》中描寫昔日玄宗遊玩曲江時便道：「輦前才人帶弓箭，白馬嚼齧黃金勒，翻身向天仰射雲，一箭正墜雙飛翼。」充分展現出宮內才人伴駕騎射的高超箭術和勃勃英姿。詩人盧綸也有「臺殿雲涼風日微，君王初賜六宮衣。樓船罷泛歸猶早，行道才人鬥射飛」之句。可見才人不僅要有音樂細胞和組織能力，也需具備一定的騎射工夫。武才人想必也掌管一些武術體育活動之類的事情，其發表馴馬言論時可能就是在履行才人職責。這樣的職位對於鍛鍊身體、開闊胸襟都有重要作用。另外，李治等皇子極有可能跟隨太宗參與這樣的體育活動，對她瞭解太宗脾性、與李治接觸都有好處。關於後者，本文將在下一章中詳述。

　　第三，早期宮廷生活使武則天增長了學識，對她日後從政大有幫助。唐代宮廷中對各級妃嬪和宮女都有嚴格的教育制度，不僅要跟皇后學習婦禮、四德、祭祀、賓容等，還要跟宮教博士學書算眾藝。此外，還有一些女官也在宮中擔負教育之責。按照唐制，皇帝的妃嬪並非無所事事，而是賦予其一定的職能。太宗寵妃徐惠博學多才，「女弟爲高宗婕妤，亦有文藻，世以擬漢班氏」。班氏是東漢著名學者班固的妹妹，曾續修過《漢書》，後來入宮爲后妃的老師，因其丈夫姓曹，故人稱曹大家。將徐賢妃的妹妹比作班昭，可見她在宮中亦負有教授嬪妃、宮人之責，是她們的老師。武則天入宮後跟著眾妃嬪一起學習禮樂、詩歌、書法等技藝。在這十幾年裏，她在學識方面進步很大，後人說她「兼涉文史」〔註115〕，應是此時打下的基礎。

　　宮中還有掖庭局、內文學館、內教坊等讀書學藝的教育機構。掖庭局負責宮人簿帳、女工之事，史載「凡宮人明籍，司其除附；公桑養蠶，會其課業」，還設有宮教博士二人，由宦官擔任，「掌教習宮人書、算、眾藝」〔註116〕。

〔註115〕〔後晉〕劉昫等：《舊唐書》卷六《則天皇后本紀》，北京：中華書局，2007年版，第115頁。

〔註116〕〔宋〕歐陽修、宋祁：《新唐書》卷四七《百官二》，北京：中華書局，1975年版，第1222頁。

內文學館是唐代宮廷教育的重要機構，主要教授宮人以各種專業技能。內文學館以精通儒學的官員一人爲學士，掌教宮人。事實上，唐代宮中宮人人數眾多，僅靠學士一人無法承擔教學任務，在其下還置有許多教官，史載「有內教博士十八人，經學五人，史、子、集綴文三人，楷書二人，莊老、太一、篆書、律令、吟詠、飛白書、算、棋各一人」〔註117〕。可見，唐代宮人學習的內容有儒家經典、歷史、諸子、各體文章、詩詞、楷書、篆書、飛白書、莊老之學、律令、數學、棋藝等，內容十分豐富。內教坊主要負責宮人的音樂教育和演奏。宮中書籍也歸女官們管理，如司籍「掌四部經籍、筆箚几案」〔註118〕。此外，司記「掌印，凡宮內諸司簿書出入目錄，審而付行焉」，女史「掌執文書」，司言「掌宣傳啓奏」等〔註119〕。

太宗一向重視讀書教育，想必武則天也會充分利用如此優越的學習條件。關於她在宮中的學習記錄，諸史並無記載，然妃嬪在宮中通過學習增長知識，則有不少例子。長孫皇后「少好讀書，造次必循禮則」〔註120〕。這個習慣一直保持到她去世。她曾採古婦人事著《女則》十卷，以作自我警惕之用，死後才由宮司奏聞，又撰論批評漢代馬皇后不能約束外戚，使外戚干預政事，深得太宗敬重。徐惠入宮後亦手不釋卷，其文采頗受太宗欣賞。上官婉兒在襁褓時隨母配入宮廷，「及長，適值武后好文，每與文臣遊宮觀，幸河山，歡歌賦詩，婉兒常侍從學習，故也有文詞」〔註121〕。這都說明如果肯用心，宮中還是有學習進步的機會的。事實也證明武才人的學業確實增進不少，如她模仿王羲之書法、自創飛白體應是從宮中教育機構中學得。她日後經營權力，表現出了驚人的學識才幹，應該不僅是早年母親調教的結果，長期的宮中學習和磨練才是主要原因。

〔註117〕〔宋〕歐陽修、宋祁：《新唐書》卷四七《百官二》，北京：中華書局，1975年版，第1222頁。
〔註118〕〔後晉〕劉昫等：《舊唐書》卷四四《職官三》，北京：中華書局，1975年版，第1868頁。
〔註119〕〔後晉〕劉昫等：《舊唐書》卷四四《職官三》，北京：中華書局，1975年版，第1867頁。
〔註120〕〔後晉〕劉昫等：《舊唐書》卷五一《長孫皇后傳》，北京：中華書局，1975年版，第2164頁。
〔註121〕〔唐〕張說：《唐昭容上官氏文集序》，見〔清〕董誥：《全唐文》卷二二五，北京：中華書局，2009年版，第2877頁。

當時胡風彌漫，政治上湧現出不少傑出女子，有協助父兄成就大業的平陽公主，有桀驁不馴的高陽公主，有敢於稱帝起兵的陳碩真，有權傾天下的太平公主，有想當女皇的韋皇后，還有想當皇太女的安樂公主。這些女性雄心勃勃，也不乏政治才能，但她們都在政壇上曇花一現，未能像武則天一樣成就帝業。武三思、武承嗣等武家親屬雖然也有武則天的專橫、功利和狠辣，但他們都沒有她的權略、沉穩和大氣，即便有武則天的大力培植，亦未能成就帝業。他們未能稱帝的原因很多，其中很重要的一個原因就是他們缺乏太宗這樣一位優秀的政治導師，也缺少在皇宮底層長期沉淪受挫的生活經驗。

三、情感的傷痛和成熟

武則天在漫長的寂寞中度過了最美好的青春歲月，其大好年華和美好憧憬都付之東流。這次失敗的情感經歷對她打擊很大，對她的影響也相當深遠，主要有如下幾個方面：

首先，她被太宗冷落多年，又沒有機會接近其他男性，在情感方面備受煎熬，其正常的女性情慾長期遭到壓抑，勢必會影響其心理健康和人格發展。前文已述，這種長期情感缺失經歷容易使她產生攻擊心理。這種心理在出現情感競爭者時表現得尤其明顯。如她對王、蕭二妃施以骨醉之刑，殘忍至極。魏國夫人是她的外甥女，她設計鴆殺她時卻能不動聲色，毫無憐憫之心。這都能看出長期的情感寂寥給她留下的心理陰影。

其次，這次失敗的情感經歷讓她對後宮生活有了十分清醒的認識，也總結了不少爭寵經驗。在冷宮的漫漫長夜裏，在清冷寺廟的孤燈前，她必定會對這次失敗的情感經歷做一番冷靜的反思。她清醒地認識到，在佳麗三千的後宮，想要贏得皇帝的寵愛絕非易事，光靠主動是遠遠不夠的，稍有不慎即可能永遠喪失機會，一定要事先拿準皇帝的脾性喜好，萬萬不可盲目表現。因此，她在爭奪下一位皇帝的寵愛時，處處察言觀色，拿準其心理需求後再主動出擊，每一次都穩準狠，循序漸進，步步為營，終獲成功。本文將在下一章中詳述。

再次，這次失敗的情感經歷還打擊了她的自信心和優越感，讓她變得更加沉穩幹練，也給她留下了一個揮之不去的「太宗情結」。前文已述，武則天的父親是唐王朝的開國功臣，母親出身高貴，她自己美貌多才。入宮後，她還有不少母族親眷照應，想必她在入宮之初信心十足，但她很快就受到了

打擊。太宗姬妾成群，並不駐足於一處美景對他的誘惑，聖旨飄過她的門前頻頻傳向新芳。直到她二十六歲，以她的雄心和能力，竟沒能升到一個較高的等級，她一定覺得鬱鬱不歡。這種失落感彌漫了她幾乎所有的青春時光，從十四歲到二十六歲，她最美好的青春年華也是她生命中最黯淡的日子。妙齡的武才人幽閉於雕樑畫棟的深宮之中，青燈孤對，日日夜夜在寂寞中煎熬青春，無緣承愛得幸，內心淒苦可想而知。她長得越是嫵媚動人，性格越是好強，對太宗的情感期待就越高，受到冷落的時間越長，內心的悽楚感就越強烈。事實證明，這段灰暗的日子給她留下了長久的情感陰影。武則天晚年有個面首叫薛懷義，體貌特徵和性格特點都與太宗相似。不難看出，她這段情感有治療早年情感傷痛之意。第五章第一節有詳述，此不贅言。另外，為太宗才人這件事還給她留下了政治陰影，讓她十分難堪和自卑。前文提及褚遂良和駱賓王公開指責她曾為太宗才人，正刺中了她內心最敏感自卑的角落。晚年她回憶馴馬事件時，只說自己是太宗侍女，刻意掩飾這一段才人經歷。近年來，有人認為她存在嚴重的自卑心理，曾為先帝才人即是原因之一〔註122〕。終生從事人類自卑感研究的日本著名心理學家關計夫指出，只有「智力低下的人不感到自卑，他們在客觀上能力差，在主觀上並不為之苦惱。因此，全然沒有自卑感也就不會成為一個卓越的人」〔註123〕。筆者認為，這種自卑感是武則天在政治上不斷前進的重要動力之一。

此外，前文提及武則天戀父情結落空，還領略了政治鬥爭的殘酷，這都加重了她原本孤獨冷漠的心理。她在孤獨寂寞中默默生存，養成了堅毅隱忍、冷酷猜忌、獨樹一幟的性格特徵。同時，這也強化了她的權力思想：在偌大的皇宮中，美貌、才能、門第、皇寵等等都是靠不住的，只有站在權力巔峰才能掌控自己的命運，才能活得順心如意，才能在尊崇阿諛中獲得她一直嚮往的尊嚴和榮耀。

綜上所述，像大多數人一樣，武則天的初次情感經歷以失敗告終。她從失敗的情感經歷中收穫不少：她養成了剛強自主的人格，加深了對宮廷生活的瞭解，增長了學識才幹，積累了一些人脈關係，思想也更加成熟。這對她

〔註122〕 勾利軍：《武則天的自卑心理與性格特徵》，《史學月刊》，1998年第1期。該文認為武則天具有強烈的自卑感，主要原因有早年家庭不睦、出身低微及曾為太宗才人等。

〔註123〕 〔日〕關計夫：《自卑心理淺析》，福州：福建科學技術出版社，1988年版，第7頁。

日後從政大有幫助。她在淒冷的長夜中，不時地仰望星空，聽著遠處傳來太宗和其他妃嬪的歡聲笑語，心中無限惆悵。她意識到自己入宮前有些盲目樂觀了，要想在宮廷中站穩腳跟談何容易！她最大的收穫是在太宗駕崩前發展了一段隱秘戀情。這對她的日後發展至關重要。她的戀愛對象是太宗九子李治。這一次，她將改變命運的希望和愛情憧憬放在了李治身上。這一次，她贏了。對此將在下一章中繼續探討。

第三章　武則天和高宗的關係嬗變

　　高宗是陪伴武則天時間最長的男性，也是她生命中最重要的男性。他對武則天的意義是多重的，既是她相知相伴的伴侶，也是她的命運之神。可以說，正是有了高宗，她才結束了卑微痛苦的生活，有了參與朝政並登上權力巔峰的機會。

　　二人關係也有一個變化過程。從貞觀十一年（637）到貞觀二十三年（649），武則天爲太宗才人，高宗爲晉王、太子，二人是庶母和嫡子的關係。後二人漸生情愫，發展爲私密情侶。貞觀二十三年（649）五月，太宗駕崩，武才人出家爲尼，六月，高宗即位。永徽五年（654），高宗在王皇后的支持下將在寺廟爲尼的武才人接入宮中。不久，高宗將她立爲昭儀。此時二人是帝妃關係。永徽六年（655），武昭儀被高宗立爲皇后。顯慶五年（660），高宗患病，開始委政武后。武后政治勢力漸增。麟德元年（664），高宗密詔上官儀廢后失敗，武后的政治勢力繼續擴大，二人並稱「二聖」，高宗失去廢后權力。二人已經類似於地位平等的夫妻關係了。上元二年（675），高宗打算遜位武后，被朝臣諫止。其間，高宗曾利用增加太子理政的機會等方式阻止武后竊權，均告失敗。弘道元年（683），高宗駕崩，遺詔中對武后行權稍作限制。

　　前文已述，武才人對太宗的情感期待很高，主要以功利需求、情愛欲求和戀父情結爲主，行爲上主要以模仿取悅爲主。不幸的是，她的意圖落了個大空。在對待高宗上，她的目的性也很強，但是情感和行爲更加複雜，既有取悅、感恩和愛護，也有利用、控制和逼迫。二人關係在學界頗引人注目，目前已取得不少研究成果，也存在不少爭議，重點集中在高宗性格、相識相

戀、廢王立武和高武爭權等方面，如武才人和李治究竟是何時認識並產生愛情的？武才人在寺廟爲尼多久？武才人爲尼期間是否削髮？李弘生於何時何地？武昭儀長女暴亡眞相如何？高宗在位期間，武后在政治上到底是主角，還是配角？武后對高宗的病情持何種態度？高宗遺詔是否經過武后授意篡改？這些問題涉及繁瑣的考證，學界討論甚是激烈，筆者在此不做煩贅的論戰，只指出三點作爲本文論述的基調：一是高宗對武則天的愛悅信任，二是武則天不擇手段的爭寵、固寵行爲，三是高武之間存在權力爭鬥。因此，本文主要討論如下幾個問題：一是高宗對武則天愛悅信任的心理動因，二是廢王立武事件，三是高武權力分配情況。下面試一一探述。

第一節　《如意娘》中的情感玄機

武則天有一首名爲《如意娘》的情詩，曰：

看朱成碧思紛紛，憔悴支離爲憶君。

不信比來長下淚，開箱驗取石榴裙。〔註1〕

《樂苑》載：「《如意娘》，商調曲，唐則天皇后所作也。」應該是可信的，有人懷疑此詩是代筆之作。筆者認爲，雖然自古帝王多有代筆，但是武則天才情亦非庸流，既是抒發個人情懷，倒也沒有代筆的必要。這首詩是武則天詩作中唯一的一首情詩，情感眞摯，很難令人將這副悽楚的小女兒心態與其女皇形象聯繫起來。其實，這首詩隱藏著女皇年輕時的情感玄機，下面試深析之。

一、武才人與太子的相識相戀

關於這首詩的寫作對象，應是與武則天有過密切關係的男性，應不出太宗、高宗、薛懷義、二張等幾位男性。從詩中的眞摯情意和相思之苦來看，應該不是單相思，而是熱烈的相思，並且二人不太容易見面，感情交流異常艱難。太宗比武則天年長二十多歲，未曾對她有過深情眷顧，根本談不上愛情。武則天對他是漫長的單相思，摻雜著不少功利目的，也不是純粹的愛情。因此，武則天對太宗應該不會有此等詩作。再者，當時武則天作爲才人侍奉

〔註1〕〔唐〕武則天：《如意娘》，選自〔清〕彭定求等：《全唐詩》卷五第 47 首，
　　　　上海：上海古籍出版社，1986 年版，第 58～59 頁。

太宗左右，應該能經常見到太宗，表達感情似乎也不必如此曲折。這首詩亦不是寫給薛懷義的。薛懷義雖然長期住在宮外，然武則天當時權傾天下，想見薛懷義非常容易，沒有必要因思念精神恍惚。這首詩寫給二張的可能性就更小了。二張入宮時，武則天已是七十多歲的老嫗了，不太可能秋行春令地爲兩個年輕小夥子大寫情詩，況且二張整日住在宮中陪伴，武則天與他們在公開場合卿卿我我，並不避諱，思念之苦更是無從談起。綜上分析，這首詩只能是寫給高宗的。

關於這首詩的寫作時間。武則天二度入宮後二人即與高宗長相伴隨，談不上相思之苦。因此這首詩應該作於武則天二度入宮之前。學界普遍認爲該詩是武則天在寺廟中日夜思念高宗時所寫。當時高宗在宮中即位，武則天按例入寺爲尼，在寺廟中苦等高宗到來，萬般思念之下寫成此詩。趙文潤等人均持此觀點〔註2〕。筆者並不贊同，當時武則天已是一名麻衣女尼，詩中何來淚染石榴裙之語？有人認爲高宗即位之初，雜事紛繁，又礙於禮法，不得不忍痛將戀人送入寺廟，但武則天也因此並未削髮〔註3〕。無論她削髮與否，她作爲先帝妃嬪在寺廟修行，按照清規戒律是沒有機會穿著石榴裙的，暗中保存石榴裙之類的女性服飾也是不被准許的。武則天此時擔憂前途，以她的謹愼智慧而言，應該不會因此等小事自毀前程。因此，筆者認爲這首詩的寫作時間還應往前推一段時間，可能是武則天出宮前不久所寫。

這就涉及到高宗和武才人的戀情到底產生於何時的問題了。史書對此記載不一。此等情感隱私事件，本來就不易爲外人知悉詳情，加上史書刻意隱諱，故多有爭議。目前主要有如下三種說法：

第一種說法言高宗登基後不久去寺廟祭祀先帝，與已經爲尼的武才人相遇相悅，因而收納宮中。這種說法並不可信。史載高宗在太宗忌日去寺廟行

〔註2〕詳見趙文潤《武則天及其評價》，《山東圖書館學刊》，2009 年第 1 期。蘇者聰《簡論武則天其人其文》（載於《武漢大學學報》1991 年第 5 期）等文也認爲《如意娘》是武則天在寺廟中思念高宗之作。

〔註3〕寧志新《武則天削髮爲尼一事考辨——與臺灣學者李樹桐商榷》（載於《華中師範大學學報》1990 年第 1 期）一文認爲，「武則天在太宗崩後確隨嬪御例入寺爲尼，但極可能是人入尼寺，而長髮未削。因爲唐高宗鍾情於武則天，只是礙於封建的傳統道德而不得不忍痛割愛，讓其隨嬪御例入寺爲尼，但並不削髮，以便伺機隨召入宮」；韓國磐《隋唐五代史綱》（人民出版社，1979 年版，第 138 頁）一書認爲「太宗死後，入居感業寺爲尼姑，高宗李治往來該寺，愛上了她，再召入宮中，立爲昭儀」。

香，與在此出家的武才人見面，「武氏泣，上亦泣」〔註4〕。二人的情感反應說明前番早就認識，並且關係非同一般。此次相見絕非初次見面。再者，一向仁孝穩重的高宗初登皇位，後宮佳麗如雲，怎會在一群爲先帝守節祈福的女尼中挑選妃嬪？最後，武才人此時已是麻衣女尼，想必魅力大不如前，那些與武才人同時出家的嬪妃不見得姿容在她之下，高宗行香得見這些女尼，也未必一眼就看上了武才人。

第二種說法言二人是在太宗病榻前產生私情的。太宗晚年病重，武才人專管太宗起居飲食，自然侍奉左右。太子當時也在病榻前侍奉病父，有時甚至住在宮中。武才人和太子共侍一人，自然免不了接觸。武才人長期受到冷落，備受寂寞之苦，太子因侍奉病父暫時離家，亦缺乏情感慰藉。二人正值青春，又都美貌多才，遂生私情。趙文潤、易中天、蒙曼等人均持此觀點〔註5〕。筆者認爲不然，諸史多次提及太子性格仁孝。太宗病危之際，太子在病榻前盡心侍奉，「晝夜不離側，或累日不食，髮有變白者」，太宗駕崩，他「號慟將絕」，「哀號不已」〔註6〕。這樣的孝子恐不至於在父親病危之際忽然對父親病榻前的年輕庶母產生興趣。即便太子爲父悲痛，美貌多情的武才人上前安慰，心情極度低落又倍感壓力的太子極有可能借助瘋狂短暫的男女歡愉來排解苦悶，但是由此產生長久愛情的可能性極低。再者，皇帝病危、新君登基前夕易生政變。太宗駕崩後，長孫無忌做主「秘不發喪」，太子入京後才「發喪太極殿，宣遺詔」〔註7〕。爲防萬一，長孫無忌還不讓一向覬覦太子之位的李泰前來奔喪。此等非同尋常時候，太子恐怕也無心流連豔事。最後，太子性格沉靜，行事穩重，早年不參與爭儲鬥爭，中年與武則天發生爭權鬥爭時也是步步忍讓，做過最衝動的事情莫過於將武則天接入宮中立爲皇后和宣上官儀起草廢后詔書這兩件事了。接武則天入宮是經過王皇

〔註4〕　〔宋〕司馬光：《資治通鑑》卷一九九「高宗永徽五年三月」條，北京：中華書局，1956年版，第6284頁。

〔註5〕　蒙曼：《蒙曼說唐：武則天》，桂林：廣西師範大學出版社，2008年版，第26頁；易中天：《品人錄》，上海：上海文藝出版社，2000年版，第120～121頁；趙文潤：《武則天的「荒淫」與「殘忍」辨析》，《唐都學刊》，1999年第1期。該文認爲武才人和李治相遇是貞觀二十年（646）太宗病重以後的事情，李治入侍藥膳，有機會見到一旁侍奉的武才人。

〔註6〕　〔宋〕司馬光：《資治通鑑》卷一九九「太宗貞觀二十三年五月」條，北京：中華書局，1956年版，第6267頁。

〔註7〕　〔宋〕司馬光：《資治通鑑》卷一九九「太宗貞觀二十三年五月壬申」條，北京：中華書局，1956年版，第6268頁。

后的支持方才成行，立后是經過了武昭儀長女暴夭、厭勝事件、賄賂長孫無忌等一系列事件才得以辦成。起草廢后詔書之事也是來得快去得更快。事後他立即示弱。因此，太子在太宗病榻前不太可能做出非分越軌之事。此外，他當時侍奉太宗，由於心情悲傷和勞累過度，頭髮都變白了，飲食也不規律。他晚年在《遺詔》中說：「往屬先聖初崩，遂以哀毀染疾，久嬰風瘵，疢與年侵。」〔註 8〕可見，當時太子因侍奉病父已經影響到了身體健康。這樣的狀態之下恐怕很難產生影響他一生的偉大愛情。更何況太宗何等威嚴，太子一向懼怕父親，估計也不敢在他眼皮底下染指其妃嬪。

　　第三種說法認為二人相識相戀的時間還要早。有人認為在太宗晚年，高宗作為皇子、太子出入宮廷，與在太宗一旁侍奉的武才人相識相悅。如高本憲考證太子是隨太宗在大明宮居住時與武才人熟識的〔註 9〕。貞觀十九年（645）、二十年（646）後，太子常常入宮向太宗學習政務。貞觀二十年（646）後，太宗病篤，委託太子處理政務。太子處理完政務就「入侍藥膳，不離左右」，太宗「乃置別院於寢殿側，使太子居之」〔註 10〕。貞觀二十三年（649）三月，太宗病重，又「敕皇太子於金液門聽政」〔註 11〕。無論是入宮習政，還是入侍藥膳，太子均不離太宗左右，與專管太宗食宿的武才人相識相悅的可能性就很大了。於是就有了太子「入侍太宗，見才人武氏而悅之」〔註 12〕的說法，即太子在北闕侍候父皇的同時，熟識並喜歡上了武才人。多年後，高宗在立后詔書中這樣描述二人的相識：「朕昔在儲貳，特荷先慈，常得待從，弗離朝夕，宮壼之內，恒自飭躬，嬪嬙之間，未嘗迕目，聖情鑒悉，每垂賞歎，遂以武氏賜朕……」〔註 13〕分明是說二人在太宗在世時就認識。

〔註 8〕　〔唐〕唐高宗：《遺詔》，見〔清〕董誥：《全唐文》卷十三，北京：中華書局，2009 年版，第 163 頁。

〔註 9〕　高本憲：《唐高宗與大明宮》，《文博》，2008 年第 5 期。該文認為，「高宗做太子時，曾隨父皇在大明宮居住，正是此期間與武則天熟識」。雷家驥：《武則天傳》，北京：人民文學出版社，2001 年版，第 68～69 頁。

〔註 10〕　〔宋〕司馬光：《資治通鑒》卷一九八「太宗貞觀二十年二月己巳」條，北京：中華書局，1956 年版，第 6235 頁。

〔註 11〕　〔後晉〕劉昫等：《舊唐書》卷三《太宗本紀下》，北京：中華書局，1975 年版，第 62 頁。

〔註 12〕　〔宋〕司馬光：《資治通鑒》卷一九九「高宗永徽五年三月」條，北京：中華書局，1956 年版，第 6284 頁。

〔註 13〕　〔唐〕唐高宗：《立武昭儀為皇后詔》，見〔清〕董誥：《全唐文》卷一一，北京：中華書局，2009 年版，第 143 頁。

　　筆者認爲第三種說法還是比較可信的。由於史料有限，二人相識相戀的具體時間地點實難考證，然二人在太宗駕崩前就認識則是確定無疑的。根據現代心理學理論，愛情的新鮮期是 15 個月，即愛情最長的保鮮期爲 15 個月。即使最偉大的愛情在 15 個月以後，激情也會慢慢退卻，變得平淡。在這 15 個月以內，愛情雙方會產生非常強烈的暈輪效應。對方在自己眼裏是完美無缺的，也最願意爲對方做出犧牲。愛情遇到的阻撓越大，愛情主體衝破阻撓的決心和力量就越大。這與精神失常的症狀十分相似。一旦外力去除，二人的激情也會慢慢隨之退卻，反而容易滋生內部矛盾。諺語說：「偉大的愛情都是短暫的。」就是這個道理。從高宗寺廟私會武才人，又不顧其父妾、女尼身份將其接入宮中大加寵愛來看，二人的愛情應該產生於太宗駕崩前 15 個月以內。盧向前經過考證，認爲二人是在貞觀十九年（645）太宗征遼、李治留守定州時產生曖昧之情的。太宗失利軍還後得知李治與嬪妃廝混，但是未能明瞭具體對象，劉洎因失察不得不死。其後，二人關係繼續發展，太宗遂將武則天賜予李治〔註 14〕。筆者認爲這種說法有些不妥。太宗在貞觀二十三年（649）駕崩，也就是說，武則天和李治從產生不倫戀情到正式結合（武則天二度入宮後）至少有四年時間。從愛情心理上來講，不倫戀情在高壓之下很難維持如此之久。再者，太宗爲秦王時，因爭儲誣告太子建成和齊王元吉「淫亂後宮」，待二人奉詔入宮向高祖澄清之時，在玄武門伏兵殺之〔註15〕。太宗曾寵愛魏王泰，讓他從延康坊宅移居武德殿昔日太子建成在宮中的舊院時，被魏徵諫止，亦是出於避免此類情況的出現〔註 16〕。在這種情況下，太宗恐怕很難將自己的妃嬪賜予犯錯的太子。

　　關於此時二人的關係，仍有一點需要特別指出，那就是二人此時是否已經發生了親密關係？筆者認爲這種可能性很小。二人眉目傳情，暗送秋波，但是礙於宮規森嚴，不見得就能逐願。若是逐願，根據愛情發展的規律來看，剛剛陷入熱戀的年輕人自控能力很差。二人極有可能控制不住情感的閘門，頻繁幽會。武才人思念之苦得到了慰藉，也就不會因相思之苦變得精神恍惚、看朱成碧了。從此詩中可以看出當時武才人的心理壓力很大，倒不一定是因

〔註14〕　盧向前：《武則天與劉洎之死》，《浙江大學學報》，2007 年第 3 期。
〔註15〕　〔宋〕司馬光：《資治通鑒》卷一九一「高祖武德九年六月己未」條，北京：中華書局，1956 年版，第 6009 頁。
〔註16〕　〔後晉〕劉昫等：《舊唐書》卷七六《濮王泰傳》，北京：中華書局，1975 年版，第 2653～2655 頁。

爲做了不倫之事擔憂事發，也許是苦於戀情不得遂願又不爲世容。需要指出的是，當時太宗威震天下，太子孝順儒弱，加之宮規森嚴，人多眼雜，二人雖然兩情相悅，但未必有機會親近，也未必敢發生親密關係。前朝有太子楊廣染指父妾宣華夫人醜名傳揚天下之事，太子應該不會不知。他的太子之位來得僥倖，應該不會做出此等大逆不道之事。再者，當時避孕技術並不發達，二人青春年少，正當生育年齡，武才人生育能力又很強，若是有親密關係，武才人極有可能懷孕，但是武才人初次入宮並無懷孕生育記錄，可見此時二人有親密關係的可能性不大。駱賓王在《代李敬業討武氏檄》中說武則天「穢亂春宮」〔註17〕，當時武則天的第一位面首薛懷義尚未入宮，其謾罵之語只能是指武則天爲才人時與太子治有不倫之事。這是經不起推敲的，但是二人此時已經「情感出軌」則是成立的。極有可能的一種情況是，武才人見太子對自己有愛悅之情，出於改變命運的需求和愛情需求，大膽寫詩挑逗太子。太子讀詩後深受感動，對多情的武才人念念不忘，總想找機會親近一番，無奈宮規森嚴，不得遂願。太宗駕崩後，他雖有意留下武才人，但當時政治形勢緊迫，武才人也只能先按例入寺爲尼，日後再做打算。這樣似乎也更能解釋爲何二人交往初期並無不倫之實，卻在寺廟重逢時激情對泣。因此，這首詩大致可以認定是武才人出宮前不久寫給太子的情挑之作。

　　最後來看一下此詩的情感內蘊。這首詩極寫相思愁苦，頭兩句直抒胸臆，說自己因思念情郎出現了視覺錯誤，點睛之處莫過於「看朱成碧」之句。筆者認爲此句主要有如下幾層意思：一是說女主人公思念過度，精神恍惚間竟然將紅、綠兩種反差極大的顏色看錯了。二是女主人公的情緒漸漸由熱烈期盼轉化爲凄冷哀傷，故而將暖色調的紅色錯看成了冷色調的綠色。也就是說，客觀事物蒙上了女主人公的主觀色彩。三是暗示自己美好青春的流逝。女主人公苦苦思念情郎，辜負了大好的青春年華。紅色象徵花開正好、青春正豔，綠色則象徵紅花落盡、青春流逝。女主人公看朱成碧流露出其青春心態正因思念之苦變得日漸衰老。四是感歎自己青春正好，情郎不在身邊，自己紅顏薄命無人憐惜，正如紅花缺少綠葉相扶。從這兩句詩流露出的凄切、寂寞和哀怨之意來看，女主人公看似對情郎已經大大失望，後面兩句筆鋒一轉，「不信比來長下淚，開箱驗取石榴裙」——如果你不相信我近來因思念你而流淚，

〔註17〕〔唐〕駱賓王：《代李敬業討武氏檄》，見〔清〕董誥：《全唐文》卷一九九，北京：中華書局，2009 年版，第 2009 頁。

那就開箱看看我石榴裙上的斑斑淚痕吧！不難看出女主人公對情郎的一片執著真情，同時也隱含著女主人公的無奈和淒苦。這首詩是武則天詩歌中的上乘佳作，不難看出她年輕時的小女兒心態。她幼年喪父，家庭變故讓其承受了過多的不幸和悲苦。這種特殊的童年經歷造就了她內斂、孤僻、善於思考的獨特氣質。由於懷著愛情的希望，孤獨才是可以忍受的，甚至是甜蜜的。這種偏於內向的孤冷氣質是太子其他出身高門又一帆風順的妃嬪們所不具備的。這首詩獨特的藝術魅力顯然對增進二人感情有重要作用。

二、二度入宮的真相

對高武相識相戀有了初步推測後，需要繼續探討的是，年輕的太子為何會對庶母產生愛悅之情？以至於大動干戈地將她接入宮中大加寵幸並立為后？這就要從太子的性格和他認識武才人的情境談起。

關於高宗深愛武則天的理由，有人認為主要是武則天的美色和諂媚在起作用。駱賓王說武則天「掩袖工讒，孤媚惑主」〔註18〕。《新唐書》言高宗「溺愛衽席，不戒履霜之漸，而毒流天下，貽禍邦家」〔註19〕。這都是典型的女禍論。高宗無論是當晉王、太子，還是當皇帝，身邊從不缺少美色和諂媚之人。高宗得遇武才人時，身邊至少已經有王、蕭二妃了。王氏「有美色」〔註20〕，還比武則天年輕，也不見盛寵。蕭氏為高宗生育了三個子女，和王氏一起爭相諂媚高宗，仍無法抵禦武則天的侵入。這說明美色和諂媚並非高宗深愛武則天的充分理由。封建帝王貪戀美色、喜好諂媚並不稀奇，但高宗並非淫亂之君，此論調在他身上是不適用的。武則天的姿色和諂媚在二人關係中確實有作用，然並非唯一理由。有人認為是由於武則天「素多智計，兼涉文史」〔註21〕，在高宗與長孫無忌等老臣的鬥爭中「充當了高宗的助手」〔註22〕。女性的才華確實會引起男性的愛慕之情，但這也不是高宗愛武則天

〔註18〕　〔唐〕駱賓王：《代李敬業討武氏檄》，見〔清〕董誥：《全唐文》卷一九九，北京：中華書局，2009 年版，第 2009 頁。

〔註19〕　〔宋〕歐陽修、宋祁：《新唐書》卷三《高宗本紀·贊曰》，北京：中華書局，1975 年版，第 79 頁。

〔註20〕　〔後晉〕劉昫等：《舊唐書》卷五一《王皇后傳》，北京：中華書局，1975 年版，第 2169 頁。

〔註21〕　〔後晉〕劉昫等：《舊唐書》卷六《則天皇后本紀》，北京：中華書局，1975 年版，第 115 頁。

〔註22〕　黃永年：《武則天真相》，《中國典籍與文化》，1994 年第 3 期。

的充分理由。太宗寵妃徐惠之妹徐齊耽爲高宗婕妤，和姐姐一樣多才多藝，但她也不見盛寵（王氏從未將她視作蕭氏那樣的大患即可說明她無盛寵），即可說明這一點。至於武則天充當高宗助手這一點，筆者是贊成的，後文會有詳述。有人認爲是武則天的權術在起作用，史載「武氏巧慧，多權數，初入宮，卑辭屈體以事后，后愛之，數稱其美於上。未幾大幸」〔註23〕。在爾虞我詐的後宮中，善用權術爲己謀私乃是普遍狀況，並不足怪。以權術謀勝與女禍論一樣，均是皮相之說，不足深究。還有有人認爲，高宗鍾情於武則天是由於其性格與己互補。這應該是可以成立的〔註24〕。

　　筆者認爲，這主要與高宗的戀母情結大有關係〔註25〕。高宗自幼隨溫良賢淑的長孫皇后生活，受到了良好的照顧。長孫皇后去世時，年幼的高宗哀痛非常，太宗對他寵愛尤甚。他當然是以「慈父」的形象出現的。後高宗又在善良有才的薛婕妤身邊成長。後太宗怕他長於婦人之手，性格軟弱，故而親自撫養，稍大後就令出閣置府。高宗早年還和妹妹晉陽公主感情甚好。《新唐書・諸帝公主傳》云：「帝諸子唯晉王及主（晉陽公主）最少，故親畜之。王每出合，主送至虔化門，泣而別，王勝衣班於朝，主泣曰：『兄今與羣臣同列，不得在內乎？』帝亦爲流涕。」〔註26〕也就是說，高宗早年被溫良、友愛、慈祥等柔性情感包圍。女性在他的情感世界裏佔據重要地位。後晉陽公主早夭，兩位兄長爲爭儲互相攻訐，太宗爲此忙得焦頭爛額，對他關注甚少。後太宗欲立他爲太子，兄長魏王泰又威脅他，讓他膽戰心驚。這樣的成長經歷勢必會使他的情感天平繼續向女性傾斜，因爲女性既不參與政治鬥爭，與

〔註23〕　〔宋〕司馬光：《資治通鑒》卷一九九「高宗永徽五年三月庚申」條，北京：中華書局，1956 年版，第 6284 頁。

〔註24〕　如任爽在《唐帝列傳・唐高宗》（長春：吉林文史出版社，1995 年版，第 160頁。）中說道：「實際上，眞正吸引李治的是武則天的性格。這位桀驁不馴的女子與李世民難以相容，卻與李治形成互補。武則天的機敏剛烈，正是李治所缺少的。」

〔註25〕　易中天：《品人錄》，上海：上海文藝出版社，2000 年版，第 126 頁。易中天認爲高宗與武才人相戀與其戀母弒父意識有關。高宗早年喪母，對充滿剛強自主的武才人情有獨鍾，體現了其戀母意識。高宗對太宗又尊崇又反叛，武才人作爲太宗的女人，對他有著特殊的吸引力。筆者認爲，高宗性格懦弱仁孝，在太宗病危時侍奉左右，應該不會有弒父意識。其與武才人的相戀應該與此無關。其即位後通過廢王立武一事試圖擺脫太宗的陰影和託孤老臣的控制則是說得通的。

〔註26〕　〔宋〕歐陽修、宋祁：《新唐書》卷八三《晉陽公主傳》，北京：中華書局，1975 年版，第 3648～3649 頁。

他也沒有利害衝突。再者，從高宗即位後多年患病的情形來看，他早年的身體亦不甚好。一般來說，體弱之人氣質纖弱，多喜好溫柔、善良、慈愛等女性情感，疏離剛猛酷烈的男性情感。高宗極有可能就是這種情況。因此，不少人認爲他有戀母情結〔註 27〕。筆者很是贊同。高宗在情感上依賴年長權威的女性是有史料佐證的。長孫皇后去世時，高宗「時年九歲，哀慕感動左右」〔註 28〕，其戀母之情可見一斑。此後高宗由薛婕妤負責教養。高宗即位後，薛婕妤自覺教養任務完成，有意出家。高宗感情上難以割捨，在禁中別造鶴林寺處之，時常探望，說明他對年長女性的心理依賴並未因年齡的增長而減弱。高宗的愛情對象也基本上是此類女性。武則天受寵前，蕭氏最受高宗寵愛。蕭氏年齡無考。根據她接連爲高宗生育三個子女和臨終前對武則天的兇狠詛咒來看，她應是一位敢作敢爲、潑辣剛強、母性氣質濃重的女性。武則天的姐姐韓國夫人得幸高宗時已是一個育有一雙兒女的孀婦了，比高宗至少要大五歲。魏國夫人年紀雖幼，但她不懼強勢的皇后姨媽（武則天），敢於與母親（韓國夫人）一起得幸高宗，大大方方地出入宮中，其膽量和倔強亦不可小覷。從高宗的情感歷程和性格傾向來看，他對美麗幹練、剛強堅韌、散發女強人氣質的武才人產生愛悅之情是符合他一貫的情感取向的。

值得注意的是，高宗對權威男性也有很強的依賴性，具體表現爲對父親、兄長、老師等男性的尊敬、順從和依賴。諸史說他「寬仁孝友」〔註 29〕、「仁懦」〔註 30〕、「仁弱」、「仁厚」〔註 31〕、「孝愛」〔註 32〕、「懦」〔註 33〕、「寬

〔註 27〕 如勾利軍、汪潤元的《武后之立與唐高宗的「戀母心理」》（載於《學術月刊》1995 年第 10 期）。該文認爲「高宗自幼生長在帝王之家，身邊美女如雲，生活起居自有女人操心服侍，因而他的感情也難免像女人一樣細膩。對女人的好感也會油然而生並滲透到他的心理之中，變成日後的觀念和行爲」。

〔註 28〕 〔後晉〕劉昫等：《舊唐書》卷四《高宗本紀上》，北京：中華書局，1975 年版，第 65 頁。

〔註 29〕 〔後晉〕劉昫等：《舊唐書》卷四《高宗本紀上》，北京：中華書局，1975 年版，第 65 頁。

〔註 30〕 〔宋〕歐陽修、宋祁：《新唐書》卷八〇《濮王李泰傳》，北京：中華書局，1975 年版，第 3571 頁。

〔註 31〕 〔宋〕司馬光：《資治通鑑》卷一九七「太宗貞觀十七年十一月」條，北京：中華書局，1956 年版，第 6206 頁。

〔註 32〕 〔宋〕司馬光：《資治通鑑》卷一九九「太宗貞觀二十三年四月」條，北京：中華書局，1956 年版，第 6267 頁。

〔註 33〕 〔宋〕司馬光：《資治通鑑》卷一九七「太宗貞觀十七年十一月」條，北京：中華書局，1956 年版，第 6206 頁。

厚」〔註34〕、「仁恕」〔註35〕、「仁孝」〔註36〕，就是這個意思。太子承乾和魏王泰為爭儲鬥得天翻地覆，他當時只有十幾歲，不參與兄長之爭。太子承乾被廢後，魏王泰「恐上立晉王治」，曾警告過他。他「憂形於色」，在太宗「屢問其故」後「乃以狀告」〔註37〕。太宗遠征前，他「悲泣數日」〔註38〕。太宗遠征歸來，他遠道「奉迎」，為父「進新衣」〔註39〕。太宗背上有「病癰，御步輦而行」。他「為上吮癰，扶輦步從者數日」〔註40〕，直至太宗病癒。太宗「疾未全平，欲專保養，詔軍國機務並委皇太子處決，他「日聽政於東宮，既罷，則入侍藥膳，不離左右。上命太子暫出遊觀，太子辭不願出」〔註41〕。有人上書「請上致政於皇太子」，他「聞之，憂形於色，發言流涕」〔註42〕。太宗病危之際，他「晝夜不離側，或累日不食，髮有變白者」。太宗深受感動，泣曰：「汝能孝愛如此，吾死何恨！」〔註43〕太宗駕崩時，他「擁無忌頸，號慟將絕」，「哀號不已」〔註44〕。他在《即位大赦詔》中有「思遵大孝，不敢滅身，永慕長號，將何逮及」之語〔註45〕。可見他對父親的尊敬、愛戴和孝

〔註34〕　〔宋〕司馬光：《資治通鑑》卷一九七「太宗貞觀十八年四月」條，北京：中華書局，1956 年版，第 6208 頁。

〔註35〕　〔宋〕司馬光：《資治通鑑》卷一九七「太宗貞觀十八年四月」條，北京：中華書局，1956 年版，第 6208 頁。

〔註36〕　〔宋〕司馬光：《資治通鑑》卷一九七「太宗貞觀十七年四月」條，北京：中華書局，1956 年版，第 6196 頁。

〔註37〕　〔宋〕司馬光：《資治通鑑》卷一九七「太宗貞觀十七年四月」條，北京：中華書局，1956 年版，第 6195 頁。

〔註38〕　〔宋〕司馬光：《資治通鑑》卷一九七「太宗貞觀十九年三月」條，北京：中華書局，1956 年版，第 6218 頁。

〔註39〕　〔宋〕司馬光：《資治通鑑》卷一九八「太宗貞觀十九年八月丙辰」條，北京：中華書局，1956 年版，第 6231 頁。

〔註40〕　〔宋〕司馬光：《資治通鑑》卷一九八「太宗貞觀十九年十二月辛丑」條，北京：中華書局，1956 年版，第 6232 頁。

〔註41〕　〔宋〕司馬光：《資治通鑑》卷一九八「太宗貞觀二十年二月己巳」條，北京：中華書局，1956 年版，第 6235 頁。

〔註42〕　〔宋〕司馬光：《資治通鑑》卷一九八「太宗貞觀二十一年八月己丑」條，北京：中華書局，1956 年版，第 6249 頁。

〔註43〕　〔宋〕司馬光：《資治通鑑》卷一九九「太宗貞觀二十三年四月」條，北京：中華書局，1956 年版，第 6267 頁。

〔註44〕　〔宋〕司馬光：《資治通鑑》卷一九九「太宗貞觀二十三年四月」條，北京：中華書局，1956 年版，第 6267 頁。

〔註45〕　〔唐〕唐高宗：《即位大赦詔》，見〔清〕董誥：《全唐文》卷一一，北京：中華書局，2009 年版，第 139 頁。

順。高宗對老師也非常尊敬，立爲太子後對老師「迎於殿門外，先拜」，「每門讓於三師，三師坐，太子乃坐。其與三師書，前後稱名『惶恐』」〔註46〕。可見高宗不喜爭鬥，對權威男性有很強的妥協、依賴心理。

值得注意的是，與太子的依賴孝順相比，太宗其實一直都不欣賞新太子。太宗性格神武，喜歡「好學」〔註47〕、「多藝能」、「折節下士」〔註48〕的魏王泰，對荏弱寬厚的晉王治並不欣賞，對他「特深寵異」是由於對其母長孫皇后的深情懷戀〔註49〕。太宗一直懷疑他的政治才能，也從未將他視作一個合適的皇位繼承人。太宗立他爲太子是從平衡皇子們的關係和穩定政局出發，並非欣賞他的政治才能，因此並不十分情願。廢掉太子承乾後，長孫皇后所生子中僅有魏王泰和晉王治。重臣長孫無忌是長孫皇后之兄，是三位嫡出皇子的舅舅，自然希望太子人選在嫡出皇子中產生。魏王泰雖有才具，但若立他爲太子恐爲後世開不良先例，且魏王泰即位後，以他的性格難保以後不會對廢太子承乾、晉王治等皇子下手。加之他頗有才具，甚有主見，還有一班黨羽，即位後極有可能會提拔自己的班底，威脅到長孫無忌等人的重臣地位。晉王治性格懦弱，沒有黨羽，若是繼承皇位，必然要倚重長孫無忌等人。因此，長孫無忌等人傾向於立晉王治爲太子。面對長孫無忌的請求，太宗「流涕」，並表示：「我不能爾。」〔註50〕原因是太宗對晉王治的懦弱性格和政治才能並不放心。太宗曾在群臣面前先抑後揚，用試探的口氣與群臣商議：「我欲立晉王？」意在讓群臣提出反對意見，另擇人選，下面立魏王泰爲太子就呼之欲出、順理成章了。長孫無忌卻明目張膽地曲解太宗意思：「謹奉詔，有異議者，臣請斬之。」礙著大舅兼權臣的面子，顧及君臣長久以來的良好關係，更擔心由此引發新君和老臣的矛盾，太宗也只好順水推舟，轉臉對晉王治說：「汝舅許汝，宜拜謝。」李治是何等聰慧明敏的青年，太宗的不情願，

〔註46〕 〔宋〕司馬光：《資治通鑑》卷一九七「太宗貞觀十七年四月庚子」條，北京：中華書局，1956年版，第6198頁。

〔註47〕 〔宋〕司馬光：《資治通鑑》卷一九六「太宗貞觀十六年正月」條，北京：中華書局，1956年版，第6174頁。

〔註48〕 〔宋〕司馬光：《資治通鑑》卷一九六「太宗貞觀十七年二月」條，北京：中華書局，1956年版，第6191頁。

〔註49〕 〔後晉〕劉昫等：《舊唐書》卷四《高宗本紀》，北京：中華書局，1975年版，第65頁。

〔註50〕 〔宋〕司馬光：《資治通鑑》卷一九七「太宗貞觀十七年四月」條，北京：中華書局，1956年版，第6195頁。

群臣的心思，他是心知肚明的。此後太宗還反覆猶豫，一度欲立庶子吳王恪
為太子，被長孫無忌擋了回去，說：「晉王仁厚，守文之良王，且舉棋不定則
敗，況儲君乎？」〔註51〕太宗希望身後能繼續貞觀盛世，而這一大業離不開
這一干重臣的輔佐，因此不得不考慮他們的意見。魏王泰集團主要是功臣子
弟。他們靠祖上資蔭，身處高官，奢侈放縱，希望通過李泰當皇帝，達到驅
逐元老、自己掌權的目的。若是立魏王泰為太子，長孫無忌等人勢必不會得
到重用，魏王泰集團的那些紈綺子弟無力擔負國家大任，貞觀之治可能就此
終結。晉王治性格軟弱，並無黨羽，需要老臣輔助。長孫無忌等人本就是貞
觀政治的忠實執行者，即使出於鞏固自身權勢的需求，他們也願意全力輔佐
新君。因此他們擁立晉王治並非全無道理。考慮再三後，太宗終於下定決心
立晉王治，還因此上演了戲劇性的一幕：太宗對長孫無忌等人說：「我三子一
弟，所為如是，我心誠無聊賴！」「因自投於床」，「又抽佩刀欲自刺」〔註52〕。
「三子」應指廢太子承乾、魏王泰、齊王祐，「一弟」應指參與東宮謀反的漢
王元昌。貞觀十七年（643），先後出現了齊王祐謀反伏誅、太子承乾與漢王
元昌因與魏王泰爭儲蓄意謀反兩件事，讓太宗傷心頭痛。此時新太子人選已
經確立，太宗非但不鼓勵新太子，還繼續沉溺在痛心疾首的情緒中，可見他
在潛意識裏對他並不認可，立其為太子出於無奈。

　　立新太子後不久，太宗對侍臣曰：「我若立泰，則是太子之位可經營而得。
自今太子失道，藩王窺伺者，皆兩棄之，傳諸子孫，永為後法。且泰立，承
乾與治皆不全；治立，則承乾與泰皆無恙矣。」〔註53〕仍對泰「心念之」，誇
他「誠為俊才」〔註54〕，無疑是心不甘、情不願之意。此後，太宗仍「疑太
子仁弱」，私下與長孫無忌商議：「公勸我立雉奴，雉奴懦，恐不能守社稷，
奈何！吳王恪英果類我，我欲立之，何如？」〔註55〕在長孫無忌的反覆勸說

〔註51〕〔宋〕司馬光：《資治通鑒》卷一九七「太宗貞觀十七年十一月」條，北京：中華書局，1956年版，第6206頁。
〔註52〕〔宋〕司馬光：《資治通鑒》卷一九七「太宗貞觀十七年四月」條，北京：中華書局，1956年版，第6196頁。
〔註53〕〔宋〕司馬光：《資治通鑒》卷一九七「太宗貞觀十七年四月丙戌」條，北京：中華書局，1956年版，第6196頁。
〔註54〕〔宋〕司馬光：《資治通鑒》卷一九七「太宗貞觀十七年九月甲午」條，北京：中華書局，1956年版，第6205頁。
〔註55〕〔宋〕司馬光：《資治通鑒》卷一九七「太宗貞觀十七年十一月」條，北京：中華書局，1956年版，第6206頁。

下，太宗才作罷。太宗還經常在公眾場合表示擔憂新太子。兩儀殿上，百官朝君，太子侍側。太宗說新太子「自幼寬厚」，不像自己當年「頗不能循常度」，希望太子「稍壯，自不同耳」〔註 56〕。無疑是感歎新太子大大不如自己當年勇猛有爲，期望他能有所改善。貞觀十九年（645），太宗討伐高麗時，新太子「悲啼累日，因請飛驛遞表起居，並遞敕垂報」〔註 57〕。太宗鼓勵他好好表現，「努力行此」，「使天下識汝風采」，還不耐煩地批評他「悲泣何爲！」〔註 58〕太宗的訓斥和不耐煩，情感細膩的新太子不可能沒有覺察。實際上，太宗依然常常念及承乾、泰二子。生日歡宴之際，他「泣數行下」，感歎「承歡膝下，永不可得」〔註 59〕。當時承乾已死，不久他就將泰由順陽王進封爲濮王。與此相對應的是，太宗對新太子仍不放心。齊州人段志沖上封事，「請上致政於皇太子」〔註 60〕，太宗不允。太宗臨終時，還刻意囑咐長孫無忌、褚遂良道：「朕今悉以後事付公輩。太子仁孝，公輩所知，善輔導之！」謂太子曰：「無忌、遂良在，汝勿憂天下！」〔註 61〕太宗如此頻繁地公開表示對新太子的不滿意、不放心，諸史未載新太子的反應，然可以推知，父親長期的不認可對任何一個聰明上進、孝順友愛、並無劣跡的年輕人來講，都是一件非常胸悶的事。像新太子這樣細膩敏感、內向多情的年輕人，最需要的不是批評，而是鼓勵。太宗愛子之心顯而易見，但他沒有考慮到新太子的性格和自尊心，其一廂情願的教育方式對新太子來說其實並不適合。

這種父子關係下的兒子往往存在自我認定焦慮，很容易產生反抗父親、證明自我的精神需求。太宗的英果神武和屢次否定都會給新太子的人格發展帶來很強的壓製作用，其獨立自主欲望會受到一定的抑制。所以，太宗駕崩時，已經二十二歲的新太子仍是一副哭哭啼啼的孩童模樣。需要指出的是，

〔註 56〕 〔宋〕司馬光：《資治通鑑》卷一九七「太宗貞觀十八年四月」條，北京：中華書局，1956 年版，第 6208 頁。

〔註 57〕 〔後晉〕劉昫等：《舊唐書》卷四《高宗本紀》，北京：中華書局，1975 年版，第 66 頁。

〔註 58〕 〔宋〕司馬光：《資治通鑑》卷一九七「太宗貞觀十九年三月」條，北京：中華書局，1956 年版，第 6218 頁。

〔註 59〕 〔宋〕司馬光：《資治通鑑》卷一九八「太宗貞觀二十年十二月癸未」條，北京：中華書局，1956 年版，第 6243 頁。

〔註 60〕 〔宋〕司馬光：《資治通鑑》卷一九八「太宗貞觀二十一年八月己丑」條，北京：中華書局，1956 年版，第 6249 頁。

〔註 61〕 〔宋〕司馬光：《資治通鑑》卷一九九「太宗貞觀二十三年四月丁卯」條，北京：中華書局，1956 年版，第 6267 頁。

表面的軟弱並不意味著新太子沒有反抗意識。這種反抗意識在外在壓制力量撤銷時會有所外現，或許正是由於父強子弱的關係，這種反抗意識才在太宗在世時沒有表現出來。

李唐宗室有少數民族血統，心理特點和行為方式不免帶有胡風色彩。宮廷本來就是爭奪權力的場地。新太子自幼生長於權力漩渦之中，雖之前不曾參與爭鬥，然耳濡目染也會有所影響。太宗當年就是發動兵變殺死兄弟、逼迫父親退位走向權力巔峰的，新太子應不會不知。新太子性格仁孝，雖缺乏太宗的獅虎之氣，但從他對太宗的依賴和崇拜之情來看，內心可能也有傚仿父親的想法，只不過他性格荏弱，不那麼明顯罷了。他對父親的反抗意識主要表現為自我認定的焦慮、擺脫父皇的管制、爭取獨立自主的心理需求。

還應該注意一點，那就是新太子不喜爭鬥。兩位兄長爭儲的時候，他還是一個十五六歲的小孩子。孟憲實談到太宗廢黜承乾後，為新太子人選猶豫不定，晉王治在太宗面前流露魏王泰的威脅之語，並非荏弱，而是為了顯示自己心懷仁厚，給太宗留下一個好印象。此觀點甚是新穎，但筆者認為這種說法未免機心過重，晉王治自幼喪母，長於婦人之手，上面還有兩個強勢的兄長，他幾乎沒有立儲的可能。他立儲前，也沒有受到過專門的儲君教育，兩個兄長失勢後他才意外地被立儲，接受儲君教育。他性格的形成並非一日之功，在短期內不太可能有太大的變化。他的表現應是其一貫性格的延續。他在即位初期政績還是不錯的，後來面對武后的步步緊逼，也沒有施展出過多的心計。這說明他從小就不是一個有心計、好爭鬥的皇子。也就是說，他在太宗的教育下，性格略有變化，更像一個皇帝了，然其性格底色並未變化過多。

綜上所述，高宗年輕時性情沉靜，不喜爭鬥，對年長女性、權威男性有情感依賴心理，存在一定程度的自我認定焦慮，還有反抗父親、證明自我的潛意識需求。愛情最能透露一個人的性格特點和潛意識需求。高宗的愛情正是如此。太宗在世時，他在父親膝下學習處理政務，經常遭到父親否定，其心理壓力之大可想而知，其反抗父親和證明自我的意識也在暗暗滋長。府中王、蕭二妃又爭寵不休，讓他心煩不已，更談不上釋放壓力、舒緩身心了。他要另外尋找情感港灣。這樣看來，他與庶母武才人的相悅，除卻戀母情結在起作用外，還有反抗父親、證明自我的意味。與父親妃嬪眉目傳情對他來講，應是最能釋放其負面情緒和心理壓力的事了，儘管可能他可能並未意識

到這一點。太宗駕崩後，甚得太宗禮遇的徐惠病篤，其妹徐齊耽入宮照顧姐姐。高宗將其收爲婕妤，或許也能從這一點上找到解釋。這裡還要提一下高宗的妃嬪王、蕭二妃。武則天得寵前，蕭氏最受寵愛，永徽初年爲高宗接連生育一男二女。前文已述，她性格潑辣，受寵亦非偶然，只不過她的手段比武氏稍遜一籌罷了。王氏是高宗的表妹，爲人婉淑。這種年齡和性格可能本來就非高宗所愛，加上她沒有生育子女，又和蕭氏爭寵不休，這讓不喜爭鬥的高宗更加厭惡。還應注意一點，王氏是太宗親自爲高宗選擇的妻子。太宗臨崩時，執高宗手謂褚遂良曰：「朕佳兒佳婦，今以付卿。」〔註62〕可見太宗對王氏這個兒媳是非常滿意的。有反抗父親意識的高宗可能對父親選定的妻子王氏懷有天然的排斥情緒。反過來講，出於潛在的反抗意識，高宗可能會對長期受到父親冷落的武氏倍加憐愛。這樣來看，武氏無論從年齡、性格、身份上都非常符合高宗潛在的愛情需求。戀武厭王對具有戀母情結和反抗父親、證明自我意識的高宗來說，並非偶然。

另外，二人相戀還有一些其他因素，同樣不可忽視：

首先，武才人豐富的閱歷十分吸引高宗。第一，武才人童年隨著父母走過小半個中國，這可不是宮中皇子們能夠經歷的。年輕的太子自幼生於溫室，長於婦人之手，又不參與政治爭鬥，生活平淡無奇。其二妃王氏和蕭氏是不出深閨的貴族少女，成長模式和他相差不大。根據審美理論，陌生化能給審美主體帶來審美享受。高宗很容易對武才人產生清新撲面的審美感受，對王、蕭二妃則沒有。第二，武才人早年經歷過家庭敗落、邀寵失敗、長期情感缺失等人生不幸，其心理內涵也隨之豐富。高宗自幼錦衣玉食，生活一帆風順，又無欲無求。他在比自己年長幾歲又閱歷豐富的武才人面前是很不成熟的，對她產生愛慕豔羨之情是很正常的。

其次，還可從女性生理變化和男性情愛心理的角度來分析他們的愛情。現代生理學認爲，一般女性從十幾歲進入青春期後，女性特徵越來越明顯，也變得越來越美麗，到了二十七歲，女性的美麗達到頂點，然後逐漸走下坡路。二人相遇時，武才人大約二十五六歲，正是一生中最美的年紀，此時迎來一生中最美的愛情是很正常的。從男性情愛心理角度來看，高宗此時愛上武才人亦符合一般男性的情愛心理。我們知道，男性的情愛心理各個不同。

〔註62〕〔宋〕司馬光：《資治通鑒》卷一九九「高宗永徽六年九月」條，北京：中華書局，1956 年版，第 6290 頁。

一般來說，有的男子在青澀躁動的青春期對異性充滿了好奇和嚮往，很容易對性徵明顯、風情萬千的少婦產生情愛心理，而對身心尚未發育成熟的同齡少女興趣不大，到了中年，又開始喜歡年輕美貌的青春少女，對成熟女性的興趣會相應減少。高宗的情愛心理正符合這種規律。高宗於貞觀十七年（643）被立為太子，時年十六歲，正是情竇初開的年紀。此後由於侍奉太宗、學習政務頻繁出入宮廷，開始與武才人有接觸。他與太宗不同，自幼生於花團錦簇、錦衣玉食的帝王之家，長於賢良淑德的女性之手，學於淵博守禮的賢良身邊，沒有戎馬征戰的人生經驗，性格沉靜穩重又孝順敏感。這樣生活優越又懂禮守規的貴族少年在愛情上也是一番青澀之態。雖然他此前已經婚配，但一直不太喜歡王氏，對蕭氏有些感情，然並不深厚。也就是說，得遇武才人之前，他已經有了一些情感經驗，但並不豐富。這樣的年輕男子正是對女性不甚瞭解又充滿好奇的年紀，最易被有經驗的風情少婦俘獲。加上他的婚配全由太宗安排，他實際上沒有選擇餘地。因此，他對「自由的愛情」還是有一定嚮往的。意外得遇武才人就是他自以為的「自由的愛情」。雖然令人尷尬的是，他的愛情對象是他的庶母。中年以後，他對武后相當尊重，甚至有些懼怕，然並不妨礙他移情於年輕的魏國夫人，即反映了這種男性情愛心理。

最後，二人相戀與武才人的積極主動也大有關係。前文提及武才人出宮前寫詩情挑太子即是一例。事實上，她出宮為尼後亦有情挑行為。史載已經出家為尼的武才人曾在高宗面前哭泣，引起高宗共鳴，所謂「武氏泣，上亦泣」〔註63〕。諸史多次提及此事，應當可信。王皇后離間蕭氏之寵選定此女尼，可見她當時已知高宗和女尼有私。根據她「不能曲事上左右」〔註64〕的性格和權謀不足的智商來看，她不太可能在高宗身邊安插眼線。這說明很多人都看見高宗和女尼當眾對泣了，以至於傳到了耳目不廣的王皇后耳中。當時高宗剛剛登基不久，身邊佳麗環繞，正是雄心萬丈之際，前番與庶母眉目傳情的小兒女之情恐怕早已忘記了。他去寺廟給先帝行香祈福，可能會順便探望先帝宮人，正好見到了已為比丘尼的武才人。也有可能是高宗為王、蕭二妃爭寵心煩不已，對那個美麗多情的武才人甚是掛念，此番進香專門探望。無論如何，武才人把握住了這次機會。她用眼淚喚起了高宗的舊情。這才是

〔註63〕　〔宋〕司馬光：《資治通鑒》卷一九九「高宗永徽五年三月庚申」條，北京：中華書局，1956年版，第6284頁。

〔註64〕　〔宋〕司馬光：《資治通鑒》卷一九九「高宗永徽五年十月」條，北京：中華書局，1956年版，第6286頁。

問題的關鍵。這是她一生中爲數不多的眞情時刻。她的哭泣是有著豐富的情感層次和內涵的：一是戀人久別，相思之苦恐怕只有當事人自己知曉，今日一見，長久的思念怎能不化作滾滾淚水？二是怨恨高宗忘情，自己終日苦等情郎，不想對方如此之久方來探望，不知變心與否，委屈之下流淚不已。三是感歎世事變幻，有情之人轉眼間地位天差地別，一個是萬丈榮華的帝王，一個是麻衣布衫的女尼，不知二人的愛情是否隨之變化？四是礙於禮法人倫，這份感情的處境愈來愈艱難，往日在宮中尚能暗送秋波，寄詩傳情，今日恐連這一點也不能夠了。五是今日一見，不知何時再見。六是幽怨自己命苦，十多年的青春歲月空付流水，好不容易苦等來了一份愛情，卻又彷彿轉瞬即逝，自己在寺廟中度過一個又一個孤燈長夜，情郎雖貴爲天子，卻礙於禮法難施援手。這樣的日子不知何時是了。這些纏綿的情感一時千頭萬緒，無從說起，也只能化作滔滔淚水了。對此，富有同情心又心思細膩的高宗當然明白。想當年，母后長孫皇后的離去讓他至今難以忘懷，妹妹晉陽公主與他離別時痛哭的場景也記憶猶新。對母親和妹妹的懷念降低了他對女性的眼淚免疫力。哭哭啼啼的武才人很容易引起他的情感漣漪。值得注意的是，武才人這番哭泣的關鍵是讓高宗看到。試想，帝王進廟行香非同一般，身邊必定有大批隨從儀仗。因此高宗入廟後不可能隨便有人親近，寺廟中也定有專門的接待人員。接待人員應是寺廟中的重要人物。武才人在宮中爲才人，地位不高，入廟時間又短，年紀又不大，應該不在接待人員之列。極有可能是她聞聽高宗前來，一時難以自持，遂衝破眾人阻礙，刻意跑到高宗面前哭泣，否則很難引起高宗注意。

高宗和女尼的情事很快就傳到了宮中。一向不見寵愛又沒有生育的王皇后覺得是個機會。此時宮中蕭淑妃最得寵，已生育一子兩女。王皇后爲了離間蕭淑妃之寵，做主將此女尼接入宮中，高宗也樂得順水推舟〔註65〕。武才人重返宮廷後，由於高宗身邊已有王、蕭等大批妃嬪，她又曾是先帝才人、女尼，身份極其尷尬，想在宮中站穩腳跟，必須要爭取高宗的寵愛和王皇后的包容，然後再從長計議。史載二次入宮之初，她「屈身忍辱，奉順上意」

〔註65〕 關於武氏二度入宮的內情，學界目前尚有爭論。李樹桐認爲武則天入宮爲高宗昭儀的時間是在貞觀二十三年（649）。武則天在太宗駕崩後根本不曾出宮。寧志新《武則天削髮爲尼一事考辨——與臺灣學者李樹桐先生商榷》（載於《華中師範大學學報》1990 年第 1 期）一文認爲，武則天在太宗崩後隨殯御例入寺爲尼，但極可能是人入尼寺，因高宗之故而長髮未削，以便伺機入宮。

〔註66〕，「卑辭屈體以事後」〔註67〕，成功延續了與高宗的愛情，離間了蕭淑妃之寵。王皇后對她甚「愛之，數稱其美於上」〔註68〕，不久高宗就將她升爲昭儀。武昭儀生下皇子李弘後，高宗對她更加寵愛。王皇后並沒有因蕭淑妃失寵而得寵，又見武昭儀得寵更甚於蕭淑妃，她開始感到了危機。隨著武昭儀再度懷孕，王皇后坐不住了，開始調頭聯合失寵的蕭淑妃一起對付武昭儀。後宮新一番的爭寵大戰即將拉開序幕。

第二節 「廢王立武」事件分析

前文已述，武氏二度入宮後，不僅離間了蕭淑妃之寵，而且迅速生子，倍受皇寵。這讓王皇后感到了威脅和恐慌。她旋即調轉槍口與蕭淑妃一起對付武氏。

一、後宮大戰

上一章中提到武才人在初次入宮的十幾年裏，充分認識到了宮僕力量的強大，也十分注意處理與他們的關係。她二度進宮多虧了這些人。起初王皇后對她是有顧慮的，「左右數爲之言」後便打消了顧慮〔註69〕，將她接入宮中。高宗也樂得身邊又多了一位美女陪伴。這裡的「左右」應主要指以前與武才人有過接觸的宮僕〔註70〕。王皇后原爲高門閨秀，先前不可能和武才人有接觸，引其入宮前雖有顧慮，然也只能向左右宮僕打探其爲人。所以，武才人能否能得到王皇后的引薦重返宮廷就與宮僕們的口唇開闔大有關係了。事實證明，武才人在第一次入宮的十幾年裏，給宮僕們留下的印象還是不錯的。他們極力誇讚武才人謙和柔順，不具有威脅性。王皇后就放鬆了警惕，大膽引其進宮。倘無這些小人物的口碑，武才人極有可能繼續呆在寺廟裏做高宗

〔註66〕 〔宋〕司馬光：《資治通鑒》卷二〇〇「高宗麟德元年十月」條，北京：中華書局，1956 年版，第 6342 頁。

〔註67〕 〔宋〕司馬光：《資治通鑒》卷一九九「高宗永徽五年三月庚申」條，北京：中華書局，1956 年版，第 6284 頁。

〔註68〕 〔宋〕司馬光：《資治通鑒》卷一九九「高宗永徽五年三月」條，北京：中華書局，1956 年版，第 6284 頁。

〔註69〕 〔後晉〕劉昫等：《舊唐書》卷五一《后妃上》，北京：中華書局，1975 年版，第 2170 頁。

〔註70〕 也有可能是留守宮中的太宗舊嬪、后妃們的老師等。

的秘密情人。高宗厭倦後，她就在青燈古佛前孤老終生，再無機會返回宮廷。可以說，宮僕們幫助武才人再次敲開了皇宮大門，開始了她政治生涯的第一步。

武才人二度入宮後繼續經營利用這層人際關係。這是她入宮後的重要人脈資源之一。前文已述，武才人二次入宮之初，與王皇后關係十分融洽，但是二人在處理宮僕關係上大不相同。王皇后「不能曲事上左右」，其母柳氏及舅中書令柳奭入「見六宮，又不爲禮」，因此與宮僕關係生澀。武才人生子並立爲昭儀後，則對宮僕極力拉攏，傾心交接與王皇后、蕭淑妃關係疏惡者，「所得賞賜分與之」。久而久之，她深得宮僕人心，「后及淑妃動靜，昭儀必知之」〔註71〕。永徽五年（654），武昭儀長女暴亡，前來探望的王皇后有重大作案嫌疑。武昭儀「泣數其罪」，王皇后「無以自明」，高宗「不能察」。這是考驗人際關係的時刻。宮僕們全都站在哭哭啼啼的武昭儀一邊，一致將矛頭對準了對他們素來恩薄的王皇后，皆曰：「皇后適來此。」高宗由此「始有廢后意」，對武昭儀「愈信愛」〔註72〕。

關於武昭儀長女之死，筆者想多談幾句。不少史書說是武昭儀殺女後嫁禍王皇后，如《舊唐書》言武昭儀「振喉絕襁褓之兒」〔註73〕，《新唐書》言她「潛斃兒衾下」〔註74〕，《資治通鑒》言她「潛扼殺之」〔註75〕。

學界亦有不少人認爲武昭儀曾殺女嫁禍王皇后〔註76〕。因爲武昭儀殺女旁人不得見，此事仍有考證的必要。學界也做了不少這方面的工作，但是存在一些問題。試舉兩例。如蒙曼說：「權力的誘惑是如此之大，它甚至可以吞噬人性惡化親情，讓一個母親動手扼殺自己的親生女兒。」〔註77〕

〔註71〕〔宋〕司馬光：《資治通鑒》卷一九九「高宗永徽五年十月」條，北京：中華書局，1956年版，第6286頁。

〔註72〕〔宋〕司馬光：《資治通鑒》卷一九九「高宗永徽五年十月」條，北京：中華書局，1956年版，第6287頁。

〔註73〕〔後晉〕劉昫等：《舊唐書》卷六《則天皇后本紀・史臣曰》，北京：中華書局，1975年版，第133頁。

〔註74〕〔宋〕歐陽修、宋祁：《新唐書》卷七六《則天武皇后傳》，北京：中華書局，1975年版，第3475頁。

〔註75〕〔宋〕司馬光：《資治通鑒》卷一九九「高宗永徽五年十月」條，北京：中華書局，1956年版，第6286頁。

〔註76〕如司馬哲的《歷史上的政治豪賭客》（載於《領導文萃》2006年第1期），又如劉連銀的《武則天傳》（武漢：長江文藝出版社，1997年版，第88頁。）。

〔註77〕蒙曼：《蒙曼說唐：武則天》，桂林：廣西師範大學出版社，2008年版，第43頁。

筆者認爲，即便小公主確實死於武昭儀之手，蒙曼將其動機定性爲「權力的誘惑」，也是不準確的。此時武昭儀只是一名後宮妃嬪，尚未與權力有接觸，殺死女兒當然不是爲了權力，而是由於當時她大受皇寵，又生子李弘，王皇后嫉妒非常，因她失寵的蕭淑妃也恨她入骨。也就是說，此時她已經與王、蕭二人徹底決裂，是你死我活的關係。二人出身高貴，在朝中又有政治背景，她勢單力孤，處境非常危險。她在宮中生活多年，知道宮廷的生存法則。她殺死女兒嫁禍他人以期打擊對手、拓展自己的生存空間是有可能的，但並非爲了權力。又如勾利軍說：「《資治通鑑》和《新唐書》的統撰者都是嚴肅認眞的治史大家，對材料的取捨較爲審愼精當，可信度較高，武則天殺女一事十分可信。」〔註78〕她還列出了一些旁證，如麟德元年（664），武則天將「長女追封爲安定公主，諡曰思，其鹵簿鼓吹及供葬所須，並如親王之制」〔註79〕。這透露出武則天殺女後長久鬱積於心的負疚心理。武則天殺女後內心長久不得安寧。隨著自己地位的鞏固和權力的增大，她對長女的思念和負疚之情越來越強烈，追封女兒爲安定公主大約是希望她能夠安息九泉。她進一步指出，早夭的孩子與母親接觸時間短，感情不深，帶給母親的傷痛會隨著時間的流逝而淡忘。從諡號可見她一直在思念女兒。根據唐代諡法，「追悔前過曰思」〔註80〕，她認爲「安定公主出生不久死亡，本無過失，諡號雖然是給公主，但是寄託和抒發的應該是武則天本人的追悔之情」。安定公主的供葬明顯逾越制度，亦可見其補償女兒之意〔註81〕。筆者認爲不然，有些母親情感細膩，心思沉重，對早夭的孩子痛惜過甚，即使自己客觀上並無過失，也會在主觀上認爲是自己照顧不周導致孩子早夭。魯迅作品《祝福》中的祥林嫂在孩子被狼叼走後喋喋不休「我眞傻」，即是這種母性心理的典型表現。就武則天而言，李弘在她患難時得以存活，唯獨這個女兒沒有長成。二入宮廷之初，生子顯然有助於提高她的後宮地位。她有可能忙於照顧李弘，而對女兒略有疏忽。無論女兒死因如何，她在多年後對這個早夭的女兒表示一下懷念之情並不足奇。她貴爲皇后，也有能力和條件表達這種感情。此外，還可以這樣

〔註78〕　勾利軍：《武則天殺女應屬事實》，《史學月刊》，1996 年第 4 期。
〔註79〕　〔後晉〕劉昫等：《舊唐書》卷四《高宗本紀上》，北京：中華書局，1975 年版，第 85 頁。
〔註80〕　〔宋〕王溥：《唐會要》卷八〇《諡法下》，北京：中華書局，1955 年版，第 1469 頁。
〔註81〕　勾利軍：《武則天殺女應屬事實》，《史學月刊》，1996 年第 4 期。

理解她追封厚葬長女的行爲：麟德元年（664），武后參政已近十年，高宗和她關係緊張，發生了高宗密詔上官儀廢后事件。這件事給她敲響了警鐘。她開始自我反省，看來她因干政已經引起了高宗和朝臣的強烈反感，因此有必要重新樹立一下自己的母儀形象。她此舉亦有化解高宗、朝臣敵意的作用。她要藉此宣告天下：她是一個母儀天下的合格皇后。這也是她對長女之死的第二次政治利用。勾文中還提到武則天因謀殺女兒，內心創傷嚴重，表現爲對情敵之女的極度仇恨和對自己女兒太平公主極度的愛。她讓蕭淑妃兩女老大不嫁，在宮中耗盡青春，是因當年打擊情敵痛失長女的心結作怪。她給予太平公主優厚的物質待遇，爲她的婚事忙前忙後，是由於對長女負疚，便加倍補償次女。這種愛與恨的雙重感情移借正是她殺女的旁證〔註82〕。筆者認爲這種觀點亦有可商榷之處，武則天對高宗庶子李忠、李素節等人亦有排斥打擊之舉，手段有過之而無不及，亦未見與當年長女暴夭有關。武則天名下有四子〔註83〕，僅有太平公主一女，且她年紀最幼，相貌、性格與她最像，又是中年所得，得蒙殊寵並不足奇，當然也有痛惜長女的移情作用，未必就是殺女後的負疚心理。

也有人對武昭儀殺女一事抱有懷疑態度，羅元貞早就指出武昭儀殺女一事純屬捏造〔註84〕。寧志新通過考證李弘、李賢的生年，認爲二人僅相差一歲，武昭儀在二人之間不可能再生育一女。因此認定武昭儀扼嬰之事不存在〔註85〕。此後不斷有人呼應此說，如臧嶸認爲，「從公元652年冬至654年冬，武則天兩個兒子的出生年月的確切分析考證，在二子之間實不可能再有懷胎十月的幼小女兒出生，這違反了人類的生理常規」，並進一步指出，武則天殺女流言的產生是由於「男性出於性別歧視，將武則天妖魔化」〔註86〕。關於此事，還有不少人在承認安定公主存在的前提下，對其死亡提出了一些新的猜測，如雷家驥認爲安定公主可能猝死於急症〔註87〕。日本女作家原百代認爲安定公主可能死於氣候和急病，很可能是冬季天冷，「後宮燃燒大量的木炭……很容易碳氣中毒死亡」，或是「棉被蓋住臉」，「呼吸困難」，「窒息死亡」

〔註82〕 勾利軍：《武則天殺女應屬事實》，《史學月刊》，1996年第4期。
〔註83〕 本文認爲李賢並非武后親生，本文第四章第二節中有詳述。
〔註84〕 羅元貞：《武則天批判》，《光明日報》，1951年6月22日。
〔註85〕 寧志新：《舊說武則天扼嬰、殺子失實之補證》，《晉陽學刊》，1987年第4期。
〔註86〕 臧嶸：《武則天「扼嬰」事件考疑》，《邯鄲學院學報》，2012年第3期。
〔註87〕 雷家驥：《武則天傳》，北京：人民文學出版社，2001年版，第91頁。

〔註88〕。孟憲實根據中國古史中的「層累地構造學說」，通過分析《唐會要》、《舊唐書》、《新唐書》、《資治通鑒》對此事的文字記錄由簡至繁、細節越來越生動詳細的演變過程，認爲史書記載極有可能與初始狀況相去甚遠。再者，王皇后在武昭儀入宮前就已失寵，小公主之死在廢后過程中也沒有發揮作用，厭勝事件才是引發廢后的導火索，數十年後出現的《代李敬業討武氏檄》也沒有提及小公主之死。因此，武昭儀殺女一事不成立。他認爲小公主可能死於嬰兒猝死症，並進一步指出，「圍繞武則天的評價，妖魔化一直佔據著傳統史學的主流地位。在一系列妖魔化武則天的歷史記述中，『武則天殺死了自己的親生女兒』就是典型的事件之一」〔註89〕。

其實，此事稍加思考就能分辨。王皇后行兇的可能性極低。與她爭寵鬥得天翻地覆的蕭淑妃在武昭儀二度入宮前就育有一子兩女，其子素節還被立爲雍王。要知道，雍王一般封給除太子以外最受寵的嫡出皇子，若未立儲，雍王極有可能就是未來的太子。武昭儀入宮後大受皇寵，其子李弘三歲前尚無封號，可見蕭淑妃前番受寵之深。王皇后從未對蕭淑妃子女下手，即使在她失寵後也沒有落井下石，應該也不會對武昭儀的子女下如此毒手。就算她嫉妒心切，目標也應該是李弘，對一個剛剛滿月的小公主下手又有何益？再者，王皇后出身高門，爲人婉淑，怎會懷揣不軌大搖大擺地去武昭儀處，扼殺嬰兒後又揚長而去？當時武昭儀受寵，王皇后地位堪憂，她又怎會愚蠢到引火上身？學界普遍認爲王皇后是冤枉的，筆者亦認爲是。需要指出的是當時高宗的態度。雖然左右宮僕都將矛頭指向王皇后，高宗失口喊出「后殺吾女」〔註90〕，但是高宗後來要廢后時，無論是在長孫無忌家，還是在朝堂上，都從未提及王皇后扼嬰之事，可見他也未坐實王皇后是兇手。他雖然極愛武昭儀，性格有些荏弱，但絕不糊塗。他和王皇后十幾年夫妻，雖然不太喜歡她，但應該很瞭解其爲人。此時高宗不加調查就任由他人冤枉王皇后與他本來就不喜歡她有關，又見宮僕們都與她不善，雖然心裏不信她是兇手，然不免更添厭嫌之意，所以不願當眾爲她洗白，廢后時也不願多提及此事。小公主暴夭後不到一年，王皇后被廢爲庶人，幽閉於別院。他曾私下探望，見她

〔註88〕　〔日〕：原百代：《武則天》，西安：陝西人民出版社，1986 年版。

〔註89〕　孟憲實：《「武則天殺死自己的親生女兒」有無其事？》，《中華讀書報》，2007年 12 月 5 日，第 001 版《文化週刊》。

〔註90〕　〔宋〕司馬光：《資治通鑒》卷一九九「高宗永徽五年十月」條，北京：中華書局，1956 年版，第 6287 頁。

處境淒慘，心下不忍，並許諾要加以改善。試想，如果高宗坐實是王皇后殺女，殺害自己骨肉可是刻骨之恨，怎麼會在短短不到一年裏就淡化掉？顯然，在高宗眼裏，王皇后未必是兇手。

既然王皇后冤枉，那麼小公主暴亡眞相到底如何？不少史書都言是武昭儀扼女後嫁禍王皇后，學界也多持這種觀點，其實此言亦不可信。首先，若是武昭儀有心利用王皇后探看之機殺女嫁禍，那麼她的作案時間應該很短。在沒有多少準備的情況下，爲防止嬰兒哭啼、掙扎、流血，她只能徒手扼嬰頸，那麼小公主脖頸處應留有扼痕。史書中對此事細節渲染甚多，卻沒有一處提到給小公主驗屍，更沒有提到小公主死於他殺的鐵證，只有哭哭啼啼的武昭儀和一群宮僕的眼色作證。這不能不讓人起疑。再者，數十年後，駱賓王在檄文中連篇累牘地謾罵武則天，連「弑君鴆母」的彌天謠言都敢捏造〔註91〕，若是她有殺女嫌疑，駱賓王又怎會筆下留情？可見，武昭儀殺女一事並不可信。趙文潤也提出了這一疑問。雷家驥雖然總體傾向於確有其事，但他也提出了一個猜測，即小公主並非他殺，而是死於嬰兒猝死症。嬰兒猝死症多出現在2～3個月大的嬰兒身上，嬰兒平靜安睡，父母一般未感到有任何異樣，但是不久嬰兒就毫無緣由地突然死亡。這是一種至今找不出確切原因的突發死亡現象。孟憲實通過對甄別史料，援引武則天族中武惠妃育二子一女皆不能成的例子，進一步肯定了雷家驥的猜測〔註92〕。

筆者贊同武昭儀長女死於嬰兒猝死症的說法，認爲史書中言武昭儀殺女是將女皇妖魔化。在第一章中，筆者已經分析了武家一脈有短壽的遺傳基因，武昭儀長女早夭應不算十分意外。武昭儀完全有可能兩年產下二子一女。安定公主可能是早產兒。一般早產兒的健康狀況不好。武昭儀由於一貫的崇男思想，剛進宮廷，生子有利於她提高後宮地位，所以她可能疏於照顧小公主。這可能是她猝死的原因。然而，武昭儀痛失女兒，高宗無法找出原因，也只能對她好言勸慰。他雖知並非王皇后所爲，但他一向不喜王皇后，爲了安慰哭哭啼啼的武昭儀，不自覺地讓王皇后當了替罪羊。左右宮僕的態度更加劇了他這種心理。從此事中，高宗看出武昭儀和王皇后在後宮的口碑差距，他當然更愛武昭儀，更討厭王皇后，開始有了廢后想法。武昭儀在長女暴亡事

〔註91〕 〔唐〕駱賓王：《代李敬業討武氏檄》，見〔清〕董誥：《全唐文》卷一九九，北京：中華書局，2009年版，第2009頁。
〔註92〕 孟憲實：《「武則天殺死自己的親生女兒」有無其事？》，《中華讀書報》，2007年12月5日第011版《文化週刊》。

件中收穫了高宗的憐愛和疼惜，爲廢王立武增添了情感砝碼。很明顯，在後宮爭寵大戰中，武昭儀漸漸佔了上風。

二、高宗精神需求的滿足

前文已述，高宗有反抗父親、證明自我的精神需求。太宗駕崩並不意味著這種意識的消失，相反，由於壓制因素的消失，他的精神需求才有了實現的可能。太宗爲高宗安排了幾位託孤老臣，即長孫無忌、褚遂良等人。他們成爲太宗對高宗管制力量的延續，也成爲高宗實現這種意識的主要障礙。

這幾位託孤老臣在太宗時期都是頗受重視的權臣。以長孫無忌爲例。《舊唐書》說他是長孫皇后的兄長，「少與太宗友善」，「常從太宗征討」，玄武門事變前他請太宗「先發」誅建成、元吉，並親臨現場指揮。在太宗即位後頒佈的功臣實封差第名單、《長孫無忌傳》所記貞觀十一年（637）的功臣世襲刺史名單和貞觀十七年（643）的圖畫凌煙閣功臣名單上，他一直都名列第一。貞觀二十二年（648），長孫無忌以司徒兼檢校中書令知尙書門下二省事，集尙書、中書、門下三省大權於一身。前文亦提及在改立太子之事上，他已經能夠影響太宗的最終決策，足見其在太宗朝的地位。作爲高宗的母舅，對太宗、高宗都有擁立之功的功臣，他極有可能以功臣自居，在高宗面前不會像一般臣子那樣恭順聽話。其他老臣的情況也應該大致相若。

事實證明，高宗即位後，這班老臣確實有些過份。如衡山公主應適長孫氏，有關官員認爲天子喪服已除，「欲以今秋成婚」。老臣于志寧非要公主按照舊例「俟三年喪畢成婚」〔註93〕。老臣非要過問此等小事，未免讓雄心萬丈的年輕皇帝產生牴觸情緒。更令高宗無法容忍的是，他們還經常打擊他的政治熱情。永徽二年（651），高宗提出開獻書之路，希望「有意見可錄，將擢用之」，結果卻不甚理想，「比者上疏雖多，而遂無可採者」。對此，長孫無忌言道：「陛下即位，政化流行，條式律令，固無遺闕。言事者率其鄙見，妄希僥倖，至於禆俗益教，理當無足可取。然須開此路，猶冀時有讜言，如或杜絕，便恐下情不達。」〔註94〕意思是說國家的律令格式已經很完備了，你照著這些條文去治理國家就夠了，那些上書言事者不過是些僥倖之徒，本無

〔註93〕　〔宋〕司馬光：《資治通鑒》卷一九九「高宗永徽元年一月辛酉」條，北京：中華書局，1956年版，第6271頁。

〔註94〕　〔後晉〕劉昫等：《舊唐書》卷六五《長孫無忌傳》，北京：中華書局，1975年版，第2454頁。

可取之處。至於開獻書之路，最多是保證上下之間溝通暢達而已。因此，皇帝不必對此事寄予過高的期望。這種倚老賣老的不恭態度顯然有失君臣之禮。高宗曾對老臣表示過不滿。即位不久，高宗對諸宰相曰：「聞所在官司，行事猶互觀顏面，多不盡公。」若是一般臣子，聽到皇帝如此說，早就誠惶誠恐了。長孫無忌卻大言不慚地自我辯解道：「此豈敢言無；然肆情曲法，實亦不敢。」他還將高宗拉扯在內：「至於小小收取人情，恐陛下尚不能免。」〔註95〕這顯然是對高宗大不敬。永徽三年（652），長孫無忌奉命審理房遺愛謀反案。他趁機株連異己。當初他因勸阻太宗立李恪為太子，與其交惡，加之李恪「名望素高，為物情所向」，令他「深忌之」，因此他「欲因事誅恪以絕眾望」〔註96〕。高宗為之苦苦求情不得。長孫無忌這樣做不僅侵犯了皇權，還違反了法律。永徽五年（654），高宗回憶太宗時百官論事「終日不絕」，如今他「獨無事」，詰問朝臣們為何「不言」〔註97〕，實際上已是公開表示對老臣專權的懷疑和不滿，可惜老臣們並未注意到皇帝情緒的微妙變化。

作為一個初登帝位的年輕帝王，高宗當然希望能擺脫父親的影響，擁有一個展現雄心的政治舞臺。當年父親多次公開表示懷疑他的政治才能，不僅嚴重挫傷了他的自尊和自信，也不利於他即位後樹立威信。他當然想給舉國樹立一個獨立自主、雄視天下的君主形象。即位之初，長孫無忌、褚遂良等幾位老臣「同心輔政，上亦尊禮二人，恭己以聽之」〔註98〕。隨著高宗獨立自主意識的增強，一場新君和老臣的爭鬥不可避免，只不過這件事需要一個突破口。這件事就是廢王立武。

武則天二度入宮後不久就被封為昭儀，又生育李弘，蕭淑妃失寵。武昭儀長女暴夭後，王皇后地位一落千丈。武昭儀成為後宮最得意之妃嬪。高宗打算立武昭儀為后，「畏大臣不從」，不惜屈尊與武昭儀一起「幸太尉長孫無忌第」，將長孫無忌三子破例封為朝散大夫，皇恩可謂不小，又贈送金寶繒錦十車，這在當時也不是一筆小數目。長孫無忌大喇喇地收下。「酣飲極歡」之

〔註95〕〔宋〕司馬光：《資治通鑑》卷一九九「高宗永徽二年閏月甲戌」條，北京：中華書局，1956年版，第6275～6276頁。

〔註96〕〔宋〕司馬光：《資治通鑑》卷一九九「高宗永徽三年十一月」條，北京：中華書局，1956年版，第6280頁。

〔註97〕〔宋〕司馬光：《資治通鑑》卷一九九「高宗永徽五年七月戊戌」條，北京：中華書局，1956年版，第6285頁。

〔註98〕〔宋〕司馬光：《資治通鑑》卷一九九「高宗永徽元年一月辛酉」條，北京：中華書局，1956年版，第6270頁。

際，高宗提起廢王立武之事，長孫無忌竟「不順旨」，「對以他語」〔註99〕。皇帝親自登門向大臣行賄本就是朝臣權重震主的反常徵兆，皇帝行賄碰了釘子更是前所未聞。高宗很是不悅。後高宗又「欲特置宸妃，以武昭儀爲之，韓瑗、來濟諫，以爲故事無之」〔註100〕，高宗不得不作罷。不久，高宗再次召集老臣商議此事。褚遂良稱王皇后是「先帝爲陛下所娶」，又言「武氏經事先帝，眾所具知」。褚遂良句句搬出太宗，無疑讓急於擺脫父親陰影、證明自我的高宗十分不悅，又語涉武昭儀曾爲先帝妃嬪，無疑是說高宗與庶母關係不倫。這兩點都直指高宗痛處，他還「置笏於殿階，解巾叩頭流血」，聲稱「還陛下笏，乞放歸田里」，顯然是威脅皇帝。高宗大怒。長孫無忌又以褚遂良「受先朝顧命，有罪不可加刑」爲由給他求情〔註101〕，又是搬先帝牽制新皇。不難看出，太宗雖然駕崩，但他留給高宗的管制力量卻絲毫沒有減弱，託孤老臣們處處抬出先帝，對高宗行權造成了很大阻力。此時，高宗的反抗意識已經完全被激發出來了，廢王立武成了這種意識爆發的突破口。所以當壁州司馬李義府「叩閣上表」請求廢王立武之時，高宗大「悅」，特意召見李義府，還親切「與語，賜珠一斗」〔註102〕。韓瑗數次援古論今試圖說服高宗，「涕泣極諫」，「悲不自勝」。高宗「皆不納」，「命引出」。在得到李勣「此陛下家事，何必更問外人」的鼓勵後，高宗「意遂決」〔註103〕。

　　不難看出，高宗即位之初，長孫無忌、褚遂良等老臣把持朝政，對高宗獨立行權造成了不小的阻力。他們也因此成爲太宗的替身，成爲高宗實現反抗意識的具體對象。再者，他們也確實有侵犯皇權的舉動。高宗性格沉靜內省、隱忍仁孝，並不意味著他能接受自己成爲傀儡。這種矛盾積聚久了，必然會有一件事情來作爲突破口。這件事就是廢王立武。廢王立武的阻力越大，對於從未獨立自主的高宗來說就越有吸引力。他不僅要證明自己是對的，還

〔註99〕　〔宋〕司馬光：《資治通鑒》卷一九九「高宗永徽五年十月」條，北京：中華書局，1956 年版，第 6287 頁。

〔註100〕　〔宋〕司馬光：《資治通鑒》卷一九九「高宗永徽六年九月」條，北京：中華書局，1956 年版，第 6288 頁。

〔註101〕　〔宋〕司馬光：《資治通鑒》卷一九九「高宗永徽六年九月」條，北京：中華書局，1956 年版，第 6290 頁。

〔註102〕　〔宋〕司馬光：《資治通鑒》卷一九九「高宗永徽六年六月」條，北京：中華書局，1956 年版，第 6288 頁。

〔註103〕　〔宋〕司馬光：《資治通鑒》卷一九九「高宗永徽六年九月」條，北京：中華書局，1956 年版，第 6291 頁。

要證明自己有能力如此。根據愛情的阻力定律，阻力越大，兩人關係就會愈親密，就會聯合起來一起抵抗外界壓力。廢王立武之時，老臣的專權和阻撓對高宗和武昭儀造成了強大的外在壓力，二人出於共同抗敵的需要，遂從親密情侶轉變爲政治盟友。這是二人關係最親密的時候。高宗在朝堂上與朝臣商議立后時，武昭儀已在簾後傾聽立後進展。前文提及褚遂良和高宗爭論時，武昭儀忍不住在簾後插嘴。高宗沒有阻止武昭儀干涉君臣爭論，顯然與武昭儀達成了高度默契。長孫無忌也沒有指斥武昭儀干政，還與之辯論，顯然在潛意識中認識到了武昭儀能量的強大。

永徽六年（655）六月，武昭儀「誣后與母厭勝」。王皇后非同一般人物，不僅出身高貴，還是太宗爲高宗選定的皇后。她雖未生育，但到底與高宗有多年的夫妻情意，舅舅柳奭還是宰相，因此告倒她必須有鐵證。事件的策劃者當然是武昭儀，製造鐵證當然離不開宮僕的配合。面對「鐵證」，王皇后無以自解。高宗「挾前憾」〔註104〕，更堅定了廢后的想法，「敕禁後母柳氏不得入宮」，不久又將柳奭貶爲遂州刺史〔註105〕。這時高宗已下決心廢王立武了。

永徽六年（655）十月，高宗下詔稱王、蕭二人「謀行鴆毒，廢爲庶人」〔註106〕。此詔書一看就有問題，王、蕭二人根本沒有投鴆害人的動機和理由。如果說「謀行鴆毒」對王皇后來說是指厭勝之事的話，那麼對蕭淑妃來講就是大大冤枉了。史書中除了蕭淑妃失寵外，未見她出現什麼狀況，「謀行鴆毒」分明是欲加之罪。不久，高宗就立武昭儀爲后。高宗在立后詔書中言：「聖情鑒悉，每垂賞歎，遂以武氏賜朕，事同政君，可立爲皇后。」〔註107〕這話更令人匪夷所思。試想，無論在何種情況下，父親都很難將自己的妃嬪賜予兒子。這種玻璃質謊言能公之天下顯然與高宗急於獨立自主又沉浸在狂熱的愛情中有關。廢王立武是高宗一生中做過的最衝動、堅決的一件事，標誌著他擺脫了貞觀老臣的管制，開始走向了一個新的人生階段，同時又出現了新的

〔註104〕〔宋〕歐陽修、宋祁：《新唐書》卷七六《則天武皇后傳》，北京：中華書局，1975年版，第3475頁。

〔註105〕〔宋〕司馬光：《資治通鑑》卷一九九「高宗永徽六年六月」條，北京：中華書局，1956年版，第6288頁。

〔註106〕〔宋〕司馬光：《資治通鑑》卷二〇〇「高宗永徽六年十月己酉」條，北京：中華書局，1956年版，第6293頁。

〔註107〕〔宋〕司馬光：《資治通鑑》卷二〇〇「高宗永徽六年十月乙卯」條，北京：中華書局，1956年版，第6293頁。

問題：他力排眾議冊立的武皇后可不是一位安於後宮的女子。她的政治智慧遠遠超過那些貞觀老臣。他擺脫了貞觀老臣，卻迎來了一個更難對付的政治高手。他陷入了和他的髮妻王皇后一樣的困境。

三、武后固寵

位極皇后已是封建女性能得到的最高榮耀。從王皇后之敗來看，皇后也並非一勞永逸、安全無虞。鑒於王皇后身敗的經驗教訓和長期的宮廷生活經驗，武后明白自己必須牢牢地將高宗攥在手中，方能鞏固廢王立武的勝利果實。此時，武后的爭寵心理並未因立后而有所減退，反而有所加強，其突出表現就是與高宗接近的女性幾乎無一例外地受到了她的排斥打擊。實際上，武后的爭寵、固寵行為在整個高宗朝從未停止。立后後，武后主要做了三件事情來固寵：一是迅速除掉王、蕭二人，並改革後宮妃嬪制度，限制高宗親近其他女性，二是竭力提高嫡子的地位，排斥打擊庶出子女，三是剪除長孫無忌等貞觀老臣，在朝臣中培植心腹，並開始參與朝政。

武后立后不久，高宗嘗想念王、蕭二人，「間行至其所，見其室封閉極密，惟竅壁以通食器，惻然傷之」。短暫敘舊後，高宗慨然許諾道：「朕即有處置。」不料，武后「聞之，大怒」，「遣人杖王氏及蕭氏各一百，斷去手足，捉酒甕中」，曰：「令二嫗骨醉！」二人「數日而死，又斬之」〔註108〕。有人懷疑這段材料不實。武后當時三十二歲，比王氏年長，蕭氏年齡無考，應與王氏年齡相仿。也就是說，王、蕭二人當時大約三十歲，武后怎麼會稱其為「嫗」？武后殘殺二人的手段也頗可疑，儼然呂后殘殺戚夫人的翻版。二人的死亡之狀也不符合常理，先斷去手足，投酒甕中，怎會數日才死？下文說王氏「初聞宣敕」，更是離奇。高宗探望王、蕭二人應是背著武后，他剛剛承諾「即有處置」，斷然不會宣敕殘殺二人。殘殺二人應是武后瞞著高宗所為。當時她初登后位，根基尚不穩固。高宗又剛剛獨立行權，正是意氣風發之時，她應該沒有膽量假稱聖旨。筆者認為，王、蕭二人在這種生存狀態下，恐怕已無往日風采。武后雖然年長，然貴為皇后，自然光彩照人，盛氣凌人之下以「嫗」貶稱之是有可能的。關於虐殺手段，可能是武后熟讀經史，對呂后殘殺戚夫人之事耳熟能詳，心懷嫉恨的她從書

〔註108〕 〔宋〕司馬光：《資治通鑒》卷二〇〇「高宗永徽六年十一月」條，北京：中華書局，1956 年版，第 6294 頁。

上搬來此招報復情敵也不爲奇。王、蕭二人數日而死的情狀可能是史家爲了渲染武后手段酷烈刻意誇大其詞，未必屬實。至於武后稱敕，可能是武后爲了打消王、蕭二人再蒙眷顧的妄想隨口言說，或是史家鑒於數十年後武后稱帝的事實，誤將其意提前稱敕。無論如何，二人與高宗會面後受盡折磨而死應是可以確定的。

需要注意的是，高宗私下探望二人，尚未「處置」，武后如何迅速知道此事？顯然高宗身邊和王、蕭二人住所布有武后眼線。再者，王、蕭二人雖然被幽禁，終究是高宗舊寵，高宗又親口許諾給她們改善處境，按說監守的宮僕們應對二人稍加寬惠，但他們似乎更聽武后的話，完全不理會高宗，直接按照武后的意思將二人凌虐至死。這說明此時武后在宮僕中已經樹立了相當的威信。還需要注意的是，武后處死高宗寵妃在後宮並非小事，高宗事後不會不知，但是諸史中未見高宗對此事有任何反應。可以想見，高宗肯定心懷不滿，但他隱忍未言，可能是他不願爲此傷了夫妻和氣。九年後，也就是麟德元年（664），史載武后「專作威福，上欲有所爲，動爲后所制，上不勝其忿」〔註109〕。這種帝后緊張局面的形成並非一時，而是由來已久。筆者認爲武后私自處死王、蕭二妃是二人產生分歧的開始。

此外，武后爲了避免高宗與其他妃嬪親近，還對後宮制度作了一番改動。高宗龍朔二年（662）二月，朝廷更改了皇帝妃嬪的名號（皇后不包括在內）。這項措施改變了后妃們的身份性質，至少她們由皇帝的妻妾變成了內廷的官僚。這些新稱呼試圖將妃嬪分爲兩類人：一類是對皇帝統治有貢獻的輔臣，一類是皇帝的侍女。譬如原來的「夫人」改爲「贊德」——以增進皇帝的道德素質爲職責的人，「九嬪」改爲「宣儀」——宣示皇帝威儀的人，「美人」改爲「承旨」——承受皇帝旨命的人。與武則天后宮地位的不斷上升相比，後宮其他女性的妃嬪地位在不斷弱化〔註110〕。這次後宮改制說明武后在後宮竭力營造一夫一妻制的新型帝后關係。

實際上，武后一直都對親近高宗的女性保持著高度的警惕性。乾封元年（665），魏國夫人「以後故出入禁中」，「得幸於上」。武后對她甚「惡之」。後堂兄武惟良、武懷運詣泰山朝覲，從至京師，向武后「獻食」。武后「密置

〔註109〕〔宋〕司馬光：《資治通鑑》卷二○一「高宗麟德元年十月」條，北京：中華書局，1956 年版，第 6342 頁。

〔註110〕陳弱水：《初唐政治中的女性意識》，選自鄧小南主編《唐宋女性與社會》，上海：上海辭書出版社，2003 年版，第 664 頁。

毒醢中，使魏國食之，暴卒」〔註111〕。儘管不少人懷疑是武后所爲，但高宗
沒有徹查，而是任由武后處置武惟良、武懷運。魏國夫人遇鴆應是武后授意，
問題在於鴆毒從何而來？又是如何投放？這肯定不勞武后親自操刀，應是她
授意廚役之類的宮僕所爲。實際上，不僅是後宮女性，就是宗室中的女性與
高宗關係友好，也會遭到武后猜忌。常樂公主是高宗的姑姑，「生女爲周王顯
妃，公主頗爲上所厚，天后惡之。辛巳，妃坐廢，幽閉於內侍省，食料給生
者，防人候其突煙，已而數日煙不出，開視，死腐矣。自定州刺史貶栝州刺
史，令公主隨之官，仍絕其朝謁」〔註112〕。武后幽死兒媳當然是警告常樂公
主不要親近高宗〔註113〕。

　　在封建社會，母憑子貴是最簡單實用的法則。武后二度入宮後頻繁生
育子女。這有利於提高她的後宮地位。她還想盡辦法提高親生子女的地位
以鞏固后位。李弘出生時沒有封號，其名卻大有深意。眾所周知，道教是
李唐國教。道經如《老君音誦誡經》云：「老君當治，李弘當出。」《老君
變化無極經》云：「木子爲姓，諱口弓。」《三天內解經》云：「（老子）變
化無常，或姓李名弘字九陽。」《太上洞淵神咒經》云：「眞君者，木子弓
口，王治天下，天下大樂……」史籍如《晉書》、《魏書》、《宋書》、《隋書》
等載「以李弘名義起義的共有十例」。唐長孺指出，「道書的讖言遠承秦漢
讖緯，如劉秀以赤伏符受命之類，並非襲自佛經，但老君降世卻和佛經中
彌勒降生非常相像……」，又特別指出，「敦煌所出《洞淵神咒經》卷一、
卷七均有『麟德元年七月廿一日奉敕爲皇太子於靈應觀寫』之題記，可能
正爲了表示李弘是應讖當王，廢（李）忠立弘合乎天意」〔註114〕。當時正
興道抑佛，李弘出生時，王皇后養子忠是太子，蕭淑妃之子素節爲雍王。
武昭儀長子取名如是，顯然是利用道經宣傳李弘應讖當王，即暗示李弘是
李唐的下一位繼承人！一般來說，太子之母必爲皇后，可見她此時已經公

〔註111〕〔宋〕司馬光：《資治通鑒》卷二〇一「高宗乾封元年八月」條，北京：中華
　　　　書局，1956 年版，第 6350 頁。
〔註112〕〔宋〕司馬光：《資治通鑒》卷二〇二「高宗上元二年四月」條，北京：中華
　　　　書局，1956 年版，第 6376 頁。
〔註113〕韓昇在其文《上元年間的政局與武則天逼宮》（載於《史林》2003 年第 6 期）
　　　　中推測高宗和常樂公主親近是爲了商議限制武后權力增長一事，武后因此對
　　　　常樂公主深忌之。
〔註114〕唐長孺：《史籍與道經中所見的李弘》，選自唐長孺著《魏晉南北朝史論拾遺》，
　　　　北京：中華書局，1983 年版，第 208〜217 頁。

開向王、蕭二人發起挑戰了。高宗的默認更讓王、蕭二人嫉妒莫名。李弘在永徽六年（655）被封爲代王，顯慶元年（656）被立爲太子。武后其他兒子的地位也都顯貴非常。李賢出生不足月就被封爲潞王，後加封岐州刺史、雍州牧、幽州都督，七歲時改封爲沛王，後加封揚州大都督及右衛大將軍，在李弘病薨後被立爲太子。李顯生於長安，明年封周王，授洛州牧。儀鳳二年（677），徙封英王，改名哲，授雍州牧。永隆元年（680），李賢被廢，其年李顯立爲太子。李旦初封殷王，尋改封豫王、冀王，又改封相王，高宗末年，仍封豫王。在高宗健在、武后又強勢若此的情況下，這些高官美爵對這幾位皇子來說，顯然不具備太多的實際意義，但這對穩固武后的地位十分有利。

與此相對應的是，高宗庶出子女的地位在不斷下降，不少人甚至死於非命。長子李忠被廢時，「官屬皆懼罪亡匿，無敢見者」〔註115〕，年紀稍長，「頗不自安」，竟然因爲懼怕武后精神失常，「或私衣婦人服以備刺客；又數自占吉凶」〔註116〕。麟德元年（664）上官儀事件後，李忠被誣謀逆賜死於流所。次子李孝從顯慶三年（658）至麟德元年（665）一直在西南偏遠的遂州擔任刺史，直到麟德元年（664）死去。三子李上金在永徽三年（652）授予益州大都督，但好景不長，武后立后後他的日子就開始走下坡路了。乾封元年（666），他累轉壽州刺史，因「爲則天所惡，所司希旨，求索罪失以奏之」，後被免官，同時「削封邑，仍於澧州安置」，後又被封沔州刺史，不准干預朝政。高宗駕崩後，李上金被誣告謀反後自縊而亡。四子李素節於永徽二年（651）授雍州牧，後轉岐州刺史。永徽六年（655），武氏立后，李素節母蕭氏被武后「幽辱殺之」，他也「被讒嫉」，於是出爲申州刺史。多年後，武后仍怨氣未消，讓高宗下了一道敕文，云：「素節既舊疾患。宜不須入朝。」其實他根本沒病。由於他「自以久乖朝覲」，著《忠孝論》以明志，希望能得到高宗憐憫，不料卻被武后「誣以贓賄，降封鄱陽郡王，仍於袁州安置」。儀鳳二年（677），他被「禁錮終身」，從袁州趕到更偏遠的岳州，後被武后縊殺〔註117〕。

〔註115〕 〔宋〕司馬光：《資治通鑒》卷二○○「高宗顯慶元年正月辛未」條，北京：中華書局，1956 年版，第 6296 頁。

〔註116〕 〔宋〕司馬光：《資治通鑒》卷二○○「高宗顯慶五年六月」條，北京：中華書局，1956 年版，第 6321 頁。

〔註117〕 〔後晉〕劉昫等：《舊唐書》卷八六《許王素節傳》，北京：中華書局，1975 年版，第 2825～2826 頁。

兩個庶出公主是蕭氏所生，被武后幽禁掖庭，老大不嫁。太子弘見之不忍，為之請降。武后隨便將她們許配給守門衛士。

　　武后還十分注意剪除朝中異己，培植個人心腹，並開始參與朝政。這也有利於鞏固她的后位。廢王立武之時，她在簾後怒喝褚遂良已經是後宮干政了，然而高宗沒有阻止她干涉君臣爭論，長孫無忌還接話為褚遂良圓場免責，已是不自覺地接受她參與朝堂爭論。她還密切觀察朝堂動態。永徽六年（655），高宗與群臣商議廢王立武之事，褚遂良堅決反對。她「令左右以聞」〔註118〕，不久褚遂良就被貶為潭州都督。這裡的「左右」應指君臣商議時兩旁侍奉的宮僕。可見此時她的宮僕觸手已經從後宮移至朝堂了。君臣正在為廢王立武爭論不休時，遭到長孫無忌厭棄的李義府上表請求高宗廢王立武。她得到消息後立刻「密遣使勞勉之」，不久李義府就「超拜中書侍郎」，「於是衛尉卿許敬宗、御史大夫崔義玄、中丞袁公瑜皆潛布腹心於武昭儀矣」〔註119〕。她聯合李義府、許敬宗等人以促成廢王立武之事，說明她已經開始涉足外廷了，可視作她參政的先聲。後來她立后成功，繼續借李義府、許敬宗等人之手先後剪除了長孫無忌、褚遂良等人。長孫無忌被許敬宗等人指控謀反。高宗先是不信，數次哭泣，在許敬宗一番巧言游說後，也「以為然，竟不引問無忌」〔註120〕。謀反非同尋常案件，又涉及自己一向倚重的重臣、舅舅，高宗的輕信和冷漠說明他期望擺脫長孫無忌的管制，和當初明知王皇后冤枉而不為她辯白一樣。褚遂良也下場不善。褚遂良被貶往愛州，曾「上表自陳」，提及早年受先帝遺詔，與長孫無忌等人共佐新君，還言當時高宗「手抱臣頸」等細節〔註121〕，乞求高宗憐憫。褚遂良此言情真意切，動人肺腑。奇怪的是，一向仁厚寬恕的高宗沒有任何反應，或許可以理解為此時他擺脫父親管制的心理仍未消除，褚遂良搬出太宗託孤之事很容易招致他的反感。清洗這一干老臣不僅符合武后

〔註118〕〔宋〕司馬光：《資治通鑒》卷一九九「高宗永徽六年九月」條，北京：中華書局，1956年版，第6292頁。

〔註119〕〔宋〕司馬光：《資治通鑒》卷一九九「高宗永徽六年六月」條，北京：中華書局，1956年版，第6289頁。

〔註120〕〔宋〕司馬光：《資治通鑒》卷二○○「高宗顯慶四年四月」條，北京：中華書局，1956年版，第6314頁。

〔註121〕〔宋〕司馬光：《資治通鑒》卷二○○「高宗顯慶二年八月」條，北京：中華書局，1956年版，第6304頁。

鞏固后位的需要，也符合高宗的心理需求，直到此時，二人的根本利益仍基本一致〔註122〕。

綜上所述，武則天能長久獲得高宗的寵愛絕非僅靠美色、諂媚、才華和權術，還與高宗的戀母情結、企圖擺脫父親影響和證明自我的精神需求、二人性格互補、她長久地迎合高宗心意、時刻警惕情敵入侵、與高宗政治利益一致等因素有關。有人認爲武則天對高宗並無眞情〔註123〕，與之親近是出於改變命運的需求和「淫亂春宮」的低劣品行。筆者認爲不然，就其詩作《如意娘》來看，如果沒有精神上的癡戀，很難用情如此之深，更不用說去打動一個自幼就被榮寵包圍的、敏感細膩的皇子了。我們不能因武則天是帝王就懷疑其情感眞誠度。她作爲一個自幼喪父、早早離開母親又長期孤獨寂寞的年輕女子，在偌大的宮中，能寄託深情的，恐怕只有向她投來友好愛悅眼神的太子了。從她日後長期不懈的爭寵、固寵行爲來看，她對高宗如此長久的情感投入和長相陪伴，很難想像全無眞情。關於她從高宗處獲得的利益，亦應以客觀平和的眼光視之。愛情並非虛無縹緲之物，其與功利不可能全無交集。相反，成功的愛情往往是長久的互惠互利模式。高武關係中，雙方就是一個長期共贏的局面，儘管後來二人產生了一些矛盾，但從長期來看，二人的結合還是相當合適的。

〔註122〕王盛恩、彭沛：《長孫無忌政治生涯評議》，《南都學壇》，1996年第4期。該文認爲君相權力矛盾是造成長孫無忌死亡的根本原因，武則天、許敬宗的陷害只是迎合了高宗心意而已。

〔註123〕如雷家驥認爲武則天寫作《如意娘》的時候，將太子視作可居之奇貨，將自己的吸引力和逢迎術作爲投資工具，《如意娘》中的情感之眞摯和深切值得懷疑（雷家驥：《武則天傳》，北京：人民出版社，2001年版，第74頁。）。又如林語堂認爲她和高宗所謂的「愛情」，是她施展的「計謀」，「她深知皇帝的弱點，她使出渾身解數兒，滿足皇帝欲望，甚或薦賢自代，務使龍心大悅而後已，淫穢無恥，可謂達於極點」（林語堂：《武則天正傳》，南京：江蘇文藝出版社，2009年版。）。譚昌壽認爲《如意娘》「看似相思的寫照，實爲急欲擺脫清苦的呼聲」（譚昌壽：《武則天現象試析》，《海南師院學報》1997年第2期。）。任爽認爲，「從武則天的角度來說，這幾乎是一個故意設置的圈套。就武則天的性格來說，很難想像她會眞正喜歡這個比自己年幼而且柔弱溫厚的李治」，「從一開始，這樁愛情便是一個騙局」（任爽：《唐帝列傳·唐高宗》，長春：吉林文史出版社，1995年版，第160頁。）。 易中天說：「至於武媚，大多認爲她扮演的是誘惑者和投機者的角色，其中並無多少眞情投入……但個人以爲其中未必沒有感情的成分。對於一個自負才貌卻長期遭受冷落的宮妃而言，突然遭遇尊貴的皇太子的垂青，想必會大起知己之感吧……」（易中天：《品人錄》，上海：上海文藝出版社，2000年版，第140頁。）

第三節　權力籠罩下的武后和高宗

　　作為一國之母，武后不可避免地要參與一些政治事宜，她也很快就對政治生活表現出了濃厚的興趣。顯慶元年（656）三月，她登后位僅五個月就親祭先蠶，即以一國之母的身份為天下婦女作出表率，鼓勵她們養蠶織布〔註124〕。其主要意圖顯然是宣告天下她是一個公共領導人物，而非後宮的一位高級妃嬪。她還大力提拔武氏親屬，抬高武家門第，後又將族兄貶往遠州為刺史，可見她當時已經能左右一些低級朝官的任命〔註125〕。在她立后後的短短幾年裏，在廢王立武事件中立場不同的朝臣各有不同的命運，亦可見她的政治影響力。後來，高宗因病委政武后，武后權力漸增。起初她尚能尊重高宗意見，但隨著時間的流逝，她開始有了獨立的意志，帝后關係也因此產生了一些問題。本節主要討論武后參政的原因和帝后權力分配的真相。

一、武后參政原因探析

　　武后立后的最初幾年，高宗專寵武后一人，武后亦不敢放鬆警惕，先後通過剷除情敵、提高親子地位、打擊異己老臣等一系列方法鞏固后位，後宮也因此呈現出一片前所未有的寧靜。顯慶五年（660），高宗「初苦風眩頭重，目不能視」，不得不「由是始委以政事」，「或使皇后決之」〔註126〕。這是武后正式參政的最早記載。此後，高宗的健康每況愈下，武后在政壇上越來越活躍。關於武后參政的原因，諸史多言高宗多病，武后權勢欲望強烈，有清除朝中異己、培植個人政治力量之嫌，是為日後篡位打下政治基礎。其實，這種說法有些過激。武后確屬權勢欲望強烈之人，但其稱帝野心並非生而有之，而是慢慢滋生的，立后之時未必有之。武后前番爭寵、固寵是出於生存、改變命運等需求，是后妃爭鬥的慣常套路，尚看不出其有篡奪皇權的野心。筆者認為，武后參政的原因很多，經過總結，大致有如下幾點：

　　第一，高宗身體不好，需要有人輔政。前文提及高宗為太子時侍奉病危的太宗，因勞累出現了白髮，可見其身體抵抗力和耐受力不強。高宗在遺詔

〔註124〕在國家禮制上，先蠶禮的角色與籍田禮幾乎完全相同，後者是皇帝親自耕田。
〔註125〕〔唐〕唐高宗：《授武士彠等子孫官詔》，詳見〔清〕董誥：《全唐文》卷十三，北京：中華書局，2009年版，第153頁。
〔註126〕〔宋〕司馬光：《資治通鑒》卷二〇〇「高宗顯慶五年十月」條，北京：中華書局，1956年版，第6322頁。

中回顧自己多年病史時，言道：「往屬先聖初崩，遂以哀毀染疾，久嬰風瘵，疢與年侵。」〔註127〕他說的是事實，史書中多次出現高宗病弱服藥的記載。高宗即位後，每日坐朝的勞累和治理國家的壓力令其更加虛弱。顯慶二年（657）五月，因身體欠佳，高宗下令「隔日視事」〔註128〕。顯慶五年（661）十月，他的健康進一步惡化，「苦風眩頭重，目不能視」，只好讓武后幫忙理政，「百司奏事，上或使皇后決之」，史書稱此時武后的權力「與人主侔矣」〔註129〕。武后此時權力究竟有多大，暫且不論，但是高宗因病使得部份皇權旁落武后之手則是事實。乾封二年（667）九月庚申，高宗「以久疾，命太子弘監國」〔註130〕。總章元年（668），高宗身體欠佳，烏荼國婆羅門盧迦逸多「自言能合不死藥」，高宗欲「餌之」，在東臺侍郎郝處俊的勸說下「乃止」〔註131〕。太宗晚年醉心求壽服藥，出現了服藥中毒、名醫舉手無措的意外，高宗不會不知，然而他還想試一試異國不死藥。可見此時他已經到了病急亂投醫的地步了。咸亨四年（673）八月，高宗「以瘧疾，令太子於延福殿受諸司啓事」〔註132〕。上元二年（675），高宗「苦風眩甚」，正式讓朝臣商討武后攝政事宜，因宰相的反對而擱置〔註133〕。開耀元年（681）閏七月庚申，高宗「以服餌，令太子監國」〔註134〕。弘道元年（683）七月，高宗「詔以今年十月有事於嵩山；尋以上不豫，改用來年正月」〔註135〕，「十一月，丙戌，

〔註127〕〔唐〕唐高宗：《遺詔》，見〔清〕董誥：《全唐文》卷一三，北京：中華書局，2009年版，第163頁。

〔註128〕〔宋〕司馬光：《資治通鑑》卷二〇〇「高宗顯慶二年五月庚子」條，北京：中華書局，1956年版，第6303頁。

〔註129〕〔宋〕司馬光：《資治通鑑》卷二〇〇「高宗顯慶五年十月」條，北京：中華書局，1956年版，第6322頁。

〔註130〕〔宋〕司馬光：《資治通鑑》卷二〇一「高宗乾封二年九月庚申」條，北京：中華書局，1956年版，第6352頁。

〔註131〕〔宋〕司馬光：《資治通鑑》卷二〇一「高宗總章元年十月戊午」條，北京：中華書局，1956年版，第6356頁。

〔註132〕〔宋〕司馬光：《資治通鑑》卷二〇二「高宗咸亨四年八月辛丑」條，北京：中華書局，1956年版，第6371頁。

〔註133〕〔宋〕司馬光：《資治通鑑》卷二〇二「高宗上元二年三月」條，北京：中華書局，1956年版，第6375頁。

〔註134〕〔宋〕司馬光：《資治通鑑》卷二〇二「高宗開耀元年閏七月庚申」條，北京：中華書局，1975年版，第6403頁。

〔註135〕〔宋〕司馬光：《資治通鑑》卷二〇三「高宗弘道元年七月庚辰」條，北京：中華書局，1975年版，第6415頁。

詔罷來年封嵩山，上疾甚故也」〔註136〕，「（同月）上自奉天宮疾甚，宰相皆不得見」〔註137〕。可見當時高宗病情加重，以至於不能出席一些公開場合。時有侍醫秦鳴鶴用針刺出血之法治療高宗，然只能奏效一時，沒有除去病根〔註138〕。同年十二月，高宗改元宣赦，望祈福轉運，竟然體力不支，史稱「上欲御則天門樓宣赦，氣逆不能乘馬，乃召百姓入殿前宣之」，當夜就駕崩於貞觀殿〔註139〕。

趙文潤認爲，高宗所患「風眩病」是一種由「陰虛陽亢」引起的慢性疾風，難於根治，易於復發，重在調養〔註140〕。此外，他還認爲高宗患有氣喘病〔註141〕。王永平指出，高宗所患「風疾」是「一種很複雜的疾病，臨床上常出現頭痛眩暈、抽搐、痙攣、肢體顫抖、麻木、蠕動、口眼歪斜、言語不利、步履不穩、甚至突然暈厥、不省人事、半身不遂等症狀，……有的風疾，症狀如西醫所說的心腦血管疾病、高血壓等，當與遺傳有關，且重症死亡率極高」，「高宗所得風疾具體爲何種類型，不得確知，但似乎應與風熱、風濕等症有關」〔註142〕。雷家驥認爲，高宗「早年不僅染上風病，而且還可能同時染上了肺病，綿延二十餘年，日益沉重」〔註143〕。李國文認爲，高宗至少患有「神經關節痛、高血壓、視網膜脫落、美尼爾氏綜合症多種疾患」〔註144〕。無論高宗病症具體爲何，應該均是慢性病，且在當時無藥根治，並伴有多種併發症。大家知道，患有慢性病的人不能過度勞累，需要長期調養休息。由於長期的病痛折磨，病人也容易變得懦弱、自卑、自負、敏感、多疑、心胸狹窄、依賴性強等，並伴有抑鬱、強迫、焦慮、失眠等神經症狀。因此，長期患病之人往往人格欠缺獨立，害怕權威，社會活動能力明顯受到限制，對

〔註136〕〔宋〕司馬光：《資治通鑒》卷二〇三「高宗弘道元年十一月丙戌」條，北京：中華書局，1956 年版，第 6415 頁。

〔註137〕〔宋〕司馬光：《資治通鑒》卷二〇三「高宗弘道元年十一月」條，北京：中華書局，1956 年版，第 6416 頁。

〔註138〕〔宋〕司馬光：《資治通鑒》卷二〇三「高宗弘道元年十一月丙戌」條，北京：中華書局，1956 年版，第 6415 頁。

〔註139〕〔宋〕司馬光：《資治通鑒》卷二〇三「高宗弘道元年十二月丁巳」條，北京：中華書局，1956 年版，第 6416 頁。

〔註140〕趙文潤、王雙懷：《武則天評傳》，西安：三秦出版社，1993 年版，第 64 頁。

〔註141〕趙文潤：《武則天及其評價》，《山東圖書館學刊》，2009 年第 1 期。

〔註142〕王永平：《試釋唐代諸帝多餌丹藥之謎》，《歷史研究》，1999 年第 4 期。

〔註143〕雷家驥：《武則天傳》，北京：人民出版社，2001 年版，第 140 頁。

〔註144〕李國文：《武則天夫婦的犧牲品》，《領導文萃》，2009 年第 15 期。

他人不易產生信任，對剛強自主的人存在依賴心理，其信任依賴者往往是貼身侍奉之人。畢竟貼身侍奉更容易建立信任感。性格強勢又整日陪伴高宗的武后當然是最佳人選。雖然高宗有時對她的專橫霸道甚是不滿，然也不得不依賴她。正因如此，永淳中，當尚書左丞馮元常密奏「中宮權重，宜稍抑損」時，高宗雖「深以其言為然」，卻也無可奈何，對他的諫言「不能用」〔註 145〕。在他看來，與其讓他人指手畫腳，還不如委政武后更放心些。

第二，高宗政治才能有限，自信心不足，需要一位剛強有為的助手協助。高宗對父親的追慕和傚仿是有目共睹的，但他缺乏父親的睿智和成熟，其政治才能也遠遜於父親。他在處理朝政上有時很不妥當。如永徽二年（651）九月，左武侯引駕盧文操「逾牆盜左藏物」，高宗「以引駕職在糾繩，乃自為盜，命誅之」。後諫議大夫蕭鈞進諫，認為「文操情實難原，然法不至死」，盧文操因此免去死罪。高宗為此大發感慨，對侍臣曰：「此真諫議也！」〔註 146〕蕭鈞不過履行諫議大夫的正常職責。高宗對他誇獎過甚，無非是為了顯示自己善於納諫，鼓勵官員進諫。這很容易給人留下矯揉造作、無病呻吟的印象。又如永徽三年（652）二月，高宗在安福門樓觀看百戲。次日，他對大臣說：「昨登樓，欲以觀人情及風俗奢儉，非為聲樂。朕聞胡人善為擊鞠之戲，嘗一觀之。昨初升樓，即有群胡擊鞠，意謂朕篤好之也。帝王所為，豈宜容易。朕已焚此鞠，冀杜胡人窺望之情，亦因以為誡。」〔註 147〕高宗此言無非是想借觀戲之事表明自己勵精圖治的決心，但他當日不說，次日才說，結果反倒給人感覺他是擔心大臣指責，經過一夜的思考後才故意這樣說。相比之下，武后就高明多了。武后「性明敏，涉獵文史」〔註 148〕，性格剛強果斷，有多年侍奉先帝文墨的經驗，耳濡目染學得不少帝王之術。她能及時抓住高宗的愛情和王皇后的爭寵心理，利用一切可以利用的資源，在短短幾年時間裏就從先帝妃嬪、寺廟女尼躍居後宮之首，其政治才能可見一斑。高宗駕崩後她的政治才能表現得更突出，對此學界多有探述，茲不贅言。

〔註 145〕〔後晉〕劉昫等：《舊唐書》卷一八五上《馮元常傳》，北京：中華書局，1975年版，第 4799 頁。

〔註 146〕〔宋〕司馬光：《資治通鑑》卷一九九「高宗永徽二年九月庚戌」條，北京：中華書局，1956 年版，第 6275 頁。

〔註 147〕〔宋〕司馬光：《資治通鑑》卷一九九「高宗永徽三年二月乙卯」條，北京：中華書局，1956 年版，第 6278 頁。

〔註 148〕〔宋〕司馬光：《資治通鑑》卷二〇〇「高宗顯慶五年十月」條，北京：中華書局，1956 年版，第 6322 頁。

　　第三，高宗膽小怕事，缺乏主見，心理承受能力差，武后的堅定果敢恰好彌補了他性格上的軟弱。太宗改立太子時，高宗被魏王泰的威脅之言嚇得「憂形於色」〔註149〕，在太宗追問下才支支吾吾地說明原委。可見其心理承受能力不強。他膽小怕事的性格也著實害人不淺。前文提及王、蕭二人被虐殺，他有不可推卸的責任。他信誓旦旦卻沒有立即行動，結果武后趕在他之前處死二人。事後，他也沒有追究，這更壯了武后的膽子。後來武后「專作威福」，他「欲有所為，動為后所制」。為了擺脫控制，麟德元年（664）八月，他與宰相上官儀秘密商議廢后。武后聞風趕來，「遽詣上自訴」。他反被鎮住了，立刻「羞縮不忍，復待之如初」，還將全部責任推在了上官儀身上，言：「我初無此心，皆上官儀教我。」〔註150〕這樣的性格是很難做好一個帝王的。他讓事事主動、步步狠絕的武后幫助自己，既獲得了政治依靠，又增強了施政力度，彌補了他性格柔弱的不足，對穩固他的統治是利大於弊的，只不過他低估了武后的權勢欲望，沒有想到她在他駕崩後短短幾年內就反客為主，龍登九五。

　　第四，武后參政與當時的政治形勢有關。廢王立武標誌著高宗成功地擺脫了長孫無忌等老臣的控制，開始獨立行權。鑒於多年被先帝和老臣籠罩的心理陰影，高宗不喜朝臣權力過大。因此，雖然他身體欠佳，亦不願倚重朝臣，以防止再度出現長孫無忌式的人物。還要注意的是，此前出現過兩件爭奪皇權的政治事件，一件是李承乾、李泰的儲位爭奪戰，一件是房遺愛謀反案。這兩件事涉及李元昌、李恪、巴陵公主、高陽公主、房遺愛等高宗的親屬。這讓敏感膽小的高宗心有餘悸，不敢完全信任宗室外戚。武后與宗室來往並不密切，立后初年還貶抑外戚，專門上《外戚誡》獻於朝。在這種情況下，讓身體康健、精力旺盛又沒有政治背景的武后幫忙理政，他還是比較放心的。

　　第五，武后輔政是政治鬥爭勝利後的利益分配。武后自幼生活在關係複雜的家庭中，有多年侍奉帝王的經驗，耳濡目染中練就了一身的政治才能，二度入宮後成功地展示了自己的政治才華，擊敗了出身、背景都優於自己的王、蕭二人，成為後宮之首。她的政治悟性、精明幹練遠在高宗之上。史載

〔註149〕〔宋〕司馬光：《資治通鑒》卷一九七「太宗貞觀十七年四月」條，北京：中華書局，1956年版，第6195頁。

〔註150〕〔宋〕司馬光：《資治通鑒》卷二〇一「高宗麟德元年十月」條，北京：中華書局，1956年版，第6342頁。

她「素多智計，兼涉文史」〔註151〕，城府很深，「痛柔屈不恥，以就大事，帝謂能奉己」〔註152〕。也正因如此，高宗當年不顧眾臣反對立她爲后。如果沒有她背後的支持和鼓勵，高宗很難擺脫長孫無忌等人的控制。高宗因此對她充滿了感激之情。作爲患難與共的政治盟友，高宗對她產生超乎尋常的信任，並將部份權力分配給她，也是情理中事。

第六，武后參政與當時的社會風氣有關。初唐社會風氣相當開放，婦女們可以拋頭露面到各種公眾場合進行各種社交甚至經營性活動。《顏氏家訓·治家第五》載：「鄴下風俗，專以婦持門戶，爭訟曲直，造請逢迎，車乘塡街衢，綺羅盈府寺，代子求官，爲夫訴屈。」〔註153〕在這種社會風氣下，婦女代夫行權並不少見，李唐家族中亦有這種情況。高宗的姑姑平陽公主就是一位馬上女將軍，爲李唐建國立下了赫赫戰功。高宗之母長孫皇后是一位輔政型皇后。早在太宗爲秦王時，面對錯綜複雜的宮廷矛盾，長孫皇后就四處爲太宗周旋，「后孝事高祖，恭順妃嬪，盡力彌縫，以存內助」。玄武門事變前，「太宗在玄武門，方引將士入宮授甲，后親慰勉之，左右莫不感激」〔註154〕。太宗「常與后論及賞罰之事」，言「及天下事」則必「固與之言」〔註155〕，「固要之」〔註156〕，即一定要長孫皇后發表意見。太宗也確實從長孫皇后的參政行爲中獲益甚多，史載長孫皇后「常與上從容商略古事，因而獻替，裨益弘多」〔註157〕。太宗寵妃徐惠也以一篇《諫太宗息兵罷役疏》受到太宗的敬重。可見李唐家風原不嚴禁女性干政。在這種風氣下，高宗也可能傚仿父親，對武后信賴至極，進而委以政務。另外，其戀母情結也使他趨向於尋找一位善

〔註151〕〔後晉〕劉昫等：《舊唐書》卷六《則天皇后本紀》，北京：中華書局，1975年版，第115頁。

〔註152〕〔宋〕歐陽修、宋祁：《新唐書》卷七六《則天武皇后傳》，北京：中華書局，1975年版，第3475頁。

〔註153〕高潮、甘華鳴主編：《中國韜略大典》第十二卷《顏氏家訓》第五《治家》，北京：中國國際廣播出版社，1997年版，第2805頁。

〔註154〕〔後晉〕劉昫等：《舊唐書》卷五一《長孫皇后傳》，北京：中華書局，1975年版，第2165頁。

〔註155〕〔後晉〕劉昫等：《舊唐書》卷五一《長孫皇后傳》，北京：中華書局，1975年版，第2164頁。

〔註156〕〔宋〕歐陽修、宋祁：《新唐書》卷七六《后妃上》，北京：中華書局，1975年版，第3470頁。

〔註157〕〔宋〕司馬光：《資治通鑑》卷一九四「太宗貞觀十年六月」條，北京：中華書局，1956年版，第6120頁。

於輔政的妻子。也就是說，高宗下意識地試圖重建像父母那樣的夫妻關係。這或許可以解釋日後高宗能接受武后參政但是始終強烈反對她專政的事實。

第七，武后在立后初期表現甚佳，贏得了高宗的信任。武后立后後在相當長的一段時間內，一直都在竭力塑造像長孫皇后那樣的母儀形象。如長孫皇后「性尤儉約，凡所服御，取給而已」〔註158〕。武后也有「務遵節儉」的表現，「常著七破間裙，豈不知更有靡麗服飾」〔註159〕，然而《新唐書》說她晚年「善自塗澤，雖左右不覺其衰」〔註160〕，明明是說她老來愛打扮，史載她掌權後奢侈浪費，國庫因此空虛，哪裏有半點節儉的樣子？立后之初，她排抑武氏族人，曾上《外戚誡》給高宗。上元年間，高宗、太子和朝臣集體排擠她。她又開始提拔武氏族人以助己。高宗駕崩後，武氏族人已經在朝中漸漸形成了一股強大的政治勢力，還差一點成爲武周政權的繼承人。可見武后對武氏族人的態度取決於政治需要，並非眞心維護李唐社稷。無論如何，武后的種種表演蒙蔽了高宗。在相當長的時間裏，高宗對她相當信任，因此讓她幫忙理政也在情理之中。

武后參政在高宗朝留下了不少痕跡。史書中的記載比比皆是，僅以年號爲例：高宗在位三十四年，最初的年號是「永徽」，使用了六年，是高宗時期使用時間最長的年號。武后喜歡標新立異。她參政後，高宗的年號就開始經常改換。永徽六年（655），武則天立后，年號即改爲「顯慶」。此後，高宗年號多達12個，均使用1～3年不等。有些年號有明顯的女性氣息，如「儀鳳」、「調露」等，有些年號有祥瑞氣象，與武后臨朝後的年號相似，如「龍朔」、「麟德」、「上元」、「永隆」、「永淳」等。值得注意的是，有些年號還與武后的政治活動相合拍，如武后長子李弘立爲太子的那一年年號即爲「顯慶」，年末武后又生三子李顯，這確實是武后「顯慶」的一年。麟德元年（664），武后誅殺上官儀，在帝后爭權中佔了上風，志得意滿，拉著高宗舉行了封禪儀式，還破例參加了封禪大典，隨後又巡幸各地，召見百官。這次活動差不多持續了兩年，回京後年號即改爲「乾封」。這顯然與武后有關。

〔註158〕〔後晉〕劉昫等：《舊唐書》卷五一《長孫皇后傳》，北京：中華書局，1975年版，第2164頁。

〔註159〕〔後晉〕劉昫等：《舊唐書》卷五《高宗本紀下》，北京：中華書局，1975年版，第107頁。

〔註160〕〔宋〕歐陽修、宋祁：《新唐書》卷七六《則天武皇后傳》，北京：中華書局，1975年版，第3482頁。

二、關於武后參政後高武關係的幾種說法

　　一般來說，夫妻關係具有兩重性。在絕大部份情況下，他們是利益共同體，會以相似的面貌出現在公開場合，這是夫妻關係和諧的一面。另一方面，由於種種原因，他們之間也不可避免地存在一些矛盾，多集中在財產支配、贍養老人、教育子女等問題上。一般情況下，這些矛盾都能在夫妻內部化解，外人難以見到。但是一旦積累到一定程度，在家庭內部不可調和時就會外現，這是夫妻關係矛盾的一面。高宗和武后的關係亦是如此。在廢王立武事件中，他們攜手共同對付長孫無忌、褚遂良等老臣，二人利益相同，一致對外。後來，武后背著高宗虐殺王、蕭二人、限制高宗親近其他女性、排斥打擊高宗庶出子女等行為都在一定程度上違背了高宗的個人意志。儘管高宗未曾明言其不滿，但二人關係漸漸出現裂痕。武后參政後，二人關係變得愈加複雜。關於武后參政後的帝后關係，學界討論甚多，目前主要有以下幾種觀點：

　　第一種觀點認為武后參政後，多病的高宗即淪為傀儡皇帝。與這種觀點相匹配的是關於高宗的一種常見看法，那就是多病又懦弱。高宗多病，這是事實，前文已經提及，茲不贅述，史書中還說他「仁懦」〔註161〕，「仁弱」〔註162〕、「懦」〔註163〕、「寬厚」〔註164〕、「仁恕」〔註165〕。當今學者也注意到了他性格的其他方面，但仍認為其性格偏於柔性，如蒙曼認為高宗的性格主要有五點，「一是孝順，二是友愛，三是聰明感性，四是柔弱，五是對年長的女性有很強的依賴心」，「很感性，很有藝術家氣質」〔註166〕，認為其性情偏於柔性，易被人操控。又如易中天認為高宗性格「極其矛盾難解。一方面，他為人仁厚，向有長者之稱，在唐代帝王之中，他賞賜給臣下的東西是最多的。但另一方面，殺掉於自己有大恩的親舅舅，賜死毫無過錯的髮妻，

〔註161〕〔宋〕歐陽修、宋祁：《新唐書》卷八〇《濮王李泰傳》，北京：中華書局，1975 年版，第 3571 頁。

〔註162〕〔宋〕司馬光：《資治通鑑》卷一九七「太宗貞觀十七年十一月」條，北京：中華書局，1956 年版，第 6206 頁。

〔註163〕〔宋〕司馬光：《資治通鑑》卷一九七「太宗貞觀十七年十一月」條，北京：中華書局，1956 年版，第 6206 頁。

〔註164〕〔宋〕司馬光：《資治通鑑》卷一九七「太宗貞觀十八年四月」條，北京：中華書局，1956 年版，第 6208 頁。

〔註165〕〔宋〕司馬光：《資治通鑑》卷一九七「太宗貞觀十八年四月」條，北京：中華書局，1956 年版，第 6208 頁。

〔註166〕蒙曼：《蒙曼說唐：武則天》，桂林：廣西師範大學出版社，2008 年版，第 25～26 頁。

囚禁迫害親生子女，命令樣樣都是他親手簽署的，手段又是何等冷酷！」「他的性格就像水，水無常形，猶疑不定，反覆無常」〔註167〕。

這種性格是很容易淪為「妻管嚴」的。諸史多處記載，高宗的皇權已經全部落入剛強自主的武后手中。《資治通鑑》載，自從顯慶五年（660）十月高宗因病委政武后起，武后就「處事皆稱旨」，「權與人主侔矣」〔註168〕。麟德元年（664），上官儀事件後，「上每視事，則后垂簾於後，政無大小，皆與聞之。天下大權，悉歸中宮，黜陟、殺生，決於其口，天子拱手而已，中外謂之『二聖』」〔註169〕。《大唐新語》言：「自是（上官儀被殺事件）政歸武后，天子拱手而已，竟移龜鼎焉。」〔註170〕《舊唐書》言：「自誅上官儀後，上每視朝，天后垂簾於御座後，政無大小皆預聞之，內外稱為『二聖』。」〔註171〕《新唐書》也言：「高宗臨朝不決事，有司所奏，唯辭見而已。」〔註172〕「及儀見誅，則政歸房帷，天子拱手矣。群臣朝、四方奏章，皆曰『二聖』。每視朝，殿中垂簾，帝與后偶坐，生殺賞罰惟所命。」〔註173〕

學界亦有人持這種觀點。黃永年認為，在「二聖」格局下，武后主政，高宗皇權旁落，高宗「已和玄武門事變後的高祖一樣，成為尸位素餐甚至高等囚犯式的人物」〔註174〕。英國學者崔瑞德認為，「她（武曌）以她的魅力迷住，既而完全控制了高宗，她開始向高宗施加越來越大的影響」〔註175〕，「美貌誘人的武曌給高宗在位的三十四年的大部份時間，甚至給七世

〔註167〕　易中天：《品人錄》，上海：上海文藝出版社，2000年版，第140頁。

〔註168〕　〔宋〕司馬光：《資治通鑑》卷二〇〇「高宗顯慶五年十月」條，北京：中華書局，1956年版，第6322頁。

〔註169〕　〔宋〕司馬光：《資治通鑑》卷二〇一「高宗麟德元年十二月」條，北京：中華書局，1956年版，第6343頁。

〔註170〕　〔唐〕劉肅：《大唐新語》卷二《極諫》，北京：中華書局，1984年版，第24頁。

〔註171〕　〔後晉〕劉昫等：《舊唐書》卷五《高宗本紀下》，北京：中華書局，1975年版，第100頁。

〔註172〕　〔宋〕歐陽修、宋祁：《新唐書》卷四七《百官二》，北京：中華書局，1975年版，第1208頁。

〔註173〕　〔宋〕歐陽修、宋祁：《新唐書》卷七六《則天武皇后傳》，北京：中華書局，1975年版，第3475～3476頁。

〔註174〕　曾現江：《唐高宗遺詔的產生及其與政局的關係》，《貴州文史叢刊》，2002年第1期。

〔註175〕　〔英〕崔瑞德編：《劍橋中國隋唐史》，北京：中國社會科學出版社，1990年版，第245頁。

紀其餘的時期投下了她的影子」〔註176〕。易中天認爲「二聖」並稱后，「天后」之地位已非一般皇后可比，「同年，她又發布改革政治的十二條施政綱領，實際上已成爲大唐王朝的核心人物和政治領袖。因此，當弘道元年（683）李治病逝（終年五十六歲）時，她幾乎沒費多少氣力就輕而易舉地接管了政權」〔註177〕。曾現江則對此觀點提出了修正，認爲高宗「畢竟是大唐皇帝，恐不至於淪落至此。只能說他權力有限，而武則天又確實能較好地處理朝政，又加之自身性格的軟弱和身體由於長期患病帶來的虛弱，對武則天主持朝政採取了配合、聽任的態度。當然，這其中帶有很大的無可奈何的被迫因素，高宗與武則天之間依舊有矛盾和鬥爭。但二人的矛盾與鬥爭已不多再是因權力的分配或政見的差異而產生，而主要是圍繞著帝位傳承、李唐社稷存續而展開，具體說，就是以皇太子的廢立、帝位的鞏固爲中心展開的」。「實際上，如何『謹守宗廟，傳至子孫』，而不是『以高祖、太宗之天下』，不傳子孫而委之天后，成爲高宗晚年苦心焦慮的事情。那種以爲高宗只是昏君，完全聽任武則天擺佈的看法是不妥的」，「高宗晚年雖然皇權失制，受制於武后，但在帝位傳承，社稷存續上，態度是堅決的，對極可能出現的『以高祖、太宗之天下，不傳之子孫而委之天后』的形勢的認識是清醒的，處心積慮要做的事就是『謹守宗廟，傳至子孫』，對武則天是有所戒備的」〔註178〕，並進一步指出，儘管高宗「儒而不昏」，對武后奪權有過不少「奮爭」行爲，但他還是未能擺脫被武后架空的命運，他「在位期間眞正掌握實權的時候很少」，「僅成爲李唐王朝的象徵」〔註179〕。於華東也說：「顯慶五年（公元660年）受高宗委託參與決策政事。武則天精通文史，明敏果斷，朝臣把高宗和武后並稱爲『二聖』，而實權完全掌握在武則天手裏，唐高宗不過空有其名罷了。」〔註180〕

筆者認爲這種說法有些言過其實。首先，儘管高宗體弱多病，然即位初期亦有意氣風發之態。永徽年間，高宗在長孫無忌等人的輔佐下，勵精

〔註176〕〔英〕崔瑞德編：《劍橋中國隋唐史》，北京：中國社會科學出版社，1990年版，第242頁。

〔註177〕易中天：《品人錄》，上海：上海文藝出版社，2000年版，第140頁。

〔註178〕曾現江：《唐高宗遺詔的產生及其與政局的關係》，《貴州文史叢刊》，2002年第1期。

〔註179〕曾現江：《唐高宗新論》，《許昌師專學報》，2001年第4期。

〔註180〕于華東：《略述武則天在歷史上的積極作用》，《武漢大學學報》，2006年第6期。

圖治，「百姓阜安，有貞觀之遺風」〔註181〕，歷來爲史家稱道。當時武后尚未涉政，足見高宗並非昏君。顯慶後，高宗所患疾病均是慢性病，其獨立人格應不至於在一夜之間完全喪失。即便因此影響理政，不得不委政武后，但是完全淪爲傀儡，至少也得經過一個爲期不短的過程。高宗因病「目不能視」，應不至於長期不能視事。史載顯慶以後高宗經常往返於長安、洛陽之間，登泰山封禪又遍封諸嶽，甚至還想親征高麗、到涼州視察。這說明顯慶以後，他雖有病在身，然仍能勉強處理政務。今陝西昭陵博物館院內的李勣墓碑碑文是高宗親撰。李勣卒於高宗總章二年（669），此時高宗仍親自撰寫碑文，說明他只是因病視力減弱，並不影響理政。再者，有人提到了高宗對武后擅權的「奮爭」行爲，史書中也確實有高宗和武后政見不同的記載。這種「奮爭」行爲當然是以限制武后權力、自行理政的方式表現出來，況且朝中還有一批朝臣反對武后執政，怎麼能說高宗是任人擺佈的傀儡呢？筆者認爲，高宗並非傀儡皇帝，但武后借其患病之際不斷擴大個人勢力是有可能的。

　　第二種觀點認爲高宗時期仍是皇帝當家，武后只是配角。學界持這種觀點的人也不少。學者們在承認武后政治影響的同時，各家對高武關係的看法又略有不同。1978 年，何汝泉指出，「武則天對高宗朝的影響是有一定限度的」，其依據是「查《資治通鑒》顯慶五年（660）十月到高宗駕崩（683）這段時間的政事處理情況，從廢立太子，拜封官吏，命將出征至纂修書史、修治宮室等政事共計三百零六件，高宗處理的二百七十九件，占百分之九十一左右，武則天參與處理的二十七件，占百分之零點九左右。由此看來，這二十三年間的政事，絕大部份是由高宗處理的。因此，不能把這段時間算作武則天執政時期」〔註182〕。意思是說高宗時期絕大部份朝政還是高宗做主。1979年，楊際平指出，《舊唐書》卷八七所列舉的六個北門學士中，除了胡楚賓、苗神客早死外，其餘四人都在武后稱制後被殺。「這說明高宗朝武則天未能引『北門學士』爲黨援。也就是說不能認爲『北門學士』就是武則天的御用工具」〔註183〕。意思是說即使在高宗後期，武后的權力仍十分有限。1984 年，

〔註181〕　〔宋〕司馬光：《資治通鑒》卷一九九「高宗永徽元年一月辛酉」條，北京：
　　　　　中華書局，1956 年版，第 6271 頁。

〔註182〕　何汝泉：《關於武則天的幾個問題》，《歷史研究》，1978 年第 8 期。

〔註183〕　楊際平：《「高宗臨朝不決事」說質疑——兼評「四人幫」炮製的高宗朝武后
　　　　　「臨朝執政」說》，《廈門大學學報》，1979 年第 2 期。

牛致功、趙文潤在《隋唐人物述評》中指出，高宗「決非昏庸懦怯之輩」，「即位後頗爲能幹」〔註184〕。1986年，趙文潤通過羅列高宗處理的政事，認爲「自顯慶以後武后是受高宗的委託參與政事，並非從此執掌朝政」〔註185〕。1990年，何磊用高宗聽從武后抗表諫親征高麗、欲遜位武后、遺詔中委託武后處理軍國大事不決者等史料來說明「高宗對武則天一直是信任的，同時還說明，武則天只是個配角」〔註186〕。1999年，趙文潤指出，武后和高宗「在政治上是相配合的夥伴，在生活中是情深意濃的伴侶」〔註187〕，二人共同執政，不存在權力爭鬥。2009年，趙文潤又舉例說自從許敬宗辭職後，武后再無親信能夠在朝中擔任軍、政要職，其後來組織的北門學士中也沒有一人能擠進宰相班子。此後武后也未能培養出一位有份量的親信。武后臨朝稱制後誅殺了不少文武重臣，恰恰說明高宗朝的用人大權掌握在高宗手中〔註188〕。1993年，秦川撰文指出，二人存在權力爭鬥，「高宗令武則天攝政，絕不是唐高宗心甘情願交權給她，宰相郝處俊、李義琰固諫認爲不可，高宗也放棄了這個打算，恰恰說明其中隱藏著唐高宗和武則天的矛盾，而不是對武則天的信任，並且由於郝處俊、李義琰等宰相的支持，堅定了高宗傳位太子的決心」〔註189〕。1995年，徐嫩棠指出，高武的婚姻關係「爲武則天此後權勢的不斷擴大，以至登上帝位創立了有利條件」〔註190〕。1996年，歐遠方也肯定了高宗的歷史貢獻，認爲他並非那樣懦弱無能〔註191〕。1997年，黃約瑟指出，「高宗朝後期的外務政策，縱或進取強硬，並無證據顯示這是帝后二人共同制訂的結果」〔註192〕，即至少在外務上，武后並沒有影響到高宗。1998年，劉炬、劉鴻雁指出，武則天眞正主宰天下是從高宗死後甚至中宗被廢黜以後開始的，而非高宗生前便開始了。即便在高武並稱「二聖」之後，「武則天的絕對權力始終

〔註184〕 牛致功、趙文潤：《隋唐人物述評》，西安：陝西師範大學出版社，1984年版，第305頁。
〔註185〕 趙文潤：《唐高宗「昏懦」說質疑》，《人文雜誌》，1986年第1期。
〔註186〕 何磊：《無字碑上豈無「字」——試評以往人們對武則天的毀譽褒貶》，《雲南教育學院學報》，1990年第4期。
〔註187〕 趙文潤：《武則天的「荒淫」與「殘忍」辨析》，《唐都學刊》，1999年第1期。
〔註188〕 趙文潤：《武則天及其評價》，《山東圖書館學刊》，2009年第1期。
〔註189〕 秦川：《論唐高宗與武則天的矛盾和鬥爭》，《甘肅社會科學》，1993年第2期。
〔註190〕 徐嫩棠：《武則天稱帝原因淺析》，《史學月刊》，1995年第6期。
〔註191〕 歐遠方：《李治和武則天——讀史札記》，《安徽師大學報》，1996年第2期。
〔註192〕 黃約瑟：《武則天與朝鮮半島政局》，選自黃約瑟著，劉健明編《黃約瑟隋唐史論集》，北京：中華書局，1997年版，第64頁。

僅局限於後宮之內，而軍國大政主要掌握在李治手中」〔註193〕。2002年，劉敏充分肯定了高宗的政績，認爲「高宗的政績還是很好的，永徽年間，唐朝在政治、經濟、文化、法律、軍事各方面都比貞觀時期有所發展，被封建史家譽爲『永徽之治』，常與『貞觀之治』相提並論」〔註194〕。2008年，孟憲實亦指出，「沒有高宗時代的發展、鞏固、鋪墊，貞觀之治就只是短暫的高潮，開元盛世將成爲無源之水。無論用『君主無爲』的傳統政治思想還是實際達成的事功來衡量，他都是個成功的皇帝。然而，傳世史書卻多把他描繪成『軟弱無能』的人。這是因爲他培養的武則天用『武周』取代了『李唐』，因爲後來的史家要爲防止出現女皇專權局面提供可借鑒的史實，他們寧願弱智化高宗而犧牲歷史的眞實」〔註195〕。同年，孫雪娟指出，高宗甘冒被廢爲庶民的危險，與父妾大膽私通，還做到密不透風，安然涉險，「可見此人並非懦弱之輩，而是膽大心細」，同時也指出，「在個人情慾面前，高宗缺乏起碼的自控能力」。她還肯定了高宗的政績，認爲「他完成了對舊士族制度的徹底改革，使中下層知識分子得以參政」，同時「大大拓寬了唐朝疆域，實現了難以企及的封禪大典」，「非但不是一個無能的皇帝，而且是一個守成有爲之君」〔註196〕。

　　第三種觀點認爲武后參政後，特別是確立「二聖」格局以後，高武共同處理政事。高宗由於體弱，除卻出席一些必要場合之外，將繁重不堪的政務委託武后處理，這只是形式，二人在幕後共同決策才是實質。如黃永年認爲，「二聖」格局「實際上是後來武周時期李武政權的先導」〔註197〕，意思是當時高武共同執政。在此基礎上的高武關係，學界又有不同意見，如歐遠方認爲武后是高宗的內助，也肯定了高宗的作用，二人給人留下男弱女強的印象是由於性格不同，實際上二人是合作關係，優點互補，相得益彰〔註198〕。蘇者聰認爲，「武氏內輔國政二十餘年，威勢與高宗無異」，但他認爲高武關係並不融洽，武后有篡權野心，「高宗不願讓武氏做皇帝，曾想禪位於李弘，武

〔註193〕劉炬、劉鴻雁：《武則天是成功者嗎？》，《社會科學戰線》，1998年第5期。
〔註194〕劉敏：《兩朝良佐——長孫無忌》，《歷史教學》，2002年第8期。
〔註195〕孟憲實：《唐高宗眞相》，北京：北京大學出版社，2008年版。
〔註196〕孫雪娟：《夫妻皇帝的眞相》，《中國信息報》，2008年10月17日，第006版《周末書香》。
〔註197〕黃永年：《說李武政權》，《人文雜誌》，1982年第1期。
〔註198〕歐遠方：《李治和武則天——讀史札記》，《安徽師大學報》，1996年第2期。

氏得知，即用毒酒將其害死」。李賢、李顯和李旦的悲慘遭遇也均與其稱帝野心有關〔註199〕。

第四種觀點認為，高宗時期的皇權重心有一個由高宗到武后的轉移過程。韓昇認為，高武之間存在相當激烈的爭權鬥爭。他詳細分析了從麟德元年（664）上官儀事件後到上元二年（675）大約十年間，朝局看似穩定，實則由於高武爭權暗流洶湧的政治真相，並大膽推測，高宗欲禪位李弘、李弘病薨、高宗又欲遜位武后是由於此前發生了武后逼宮一事〔註200〕。趙文潤則認為，武后權力增長是「唐高宗一步一步讓權，而不是武則天一步一步奪權」，並進一步提出了一個武后權力增長階段說：武后在從皇后到太后有四個階段。第一階段是立后初期，武后處理宮內事務和反對派，還協助高宗修建了大明宮。第二階段是顯慶五年（660）後，武后協助患病的高宗處理政務。第三階段是上元元年（674）十月以後，高宗對武后更加信任，將大部份權力交給武后，外交權、軍事指揮權和宰相任免權還掌握在自己手裏。第四階段是從弘道二年（684）開始至稱帝前夕，大部份由武后掌權〔註201〕。

筆者認為，大多數夫妻關係非常複雜，外人很難看清，且夫妻關係並非一成不變，會隨著時間、形勢的變化而變化，給予過於肯定的回答難免會出現盲目偏激之誤。高武關係也是如此，史家、時人甚至其子女都不太可能全面準確地描述二人關係。武后參政後，二人不可避免地要接受權力對他們關係的滲透。這是他們關係的特殊之處。因此，以帝后權力的分配情況作為特定視角來研究他們關係的變化，還是一個比較可靠的辦法。他們權力的分配情況可以直接從朝局上反映出來。下面本文就以此為視角，試描述他們關係的微妙變化。

三、帝后逐鹿

立后初期，高武關係尚好。在武后的一系列固寵行為中，雖然有些行為不合高宗心意，然二人仍不失為情深意切的伴侶、牢不可破的政治盟友。武后輔政後，二人關係由於權力的滲透有些許微妙變化。關於武后參政後的高武關係，本文按照時間劃分為三個階段：第一個階段以顯慶五年（660）高宗委政武后始，至麟德元年（664）上官儀事件止。顯慶後，高宗患病委政武后，

〔註199〕蘇者聰：《簡論武則天其人其文》，《武漢大學學報》，1991年第5期。
〔註200〕韓昇：《上元年間的政局與武則天逼宮》，《史林》，2003年第6期。
〔註201〕趙文潤：《武則天及其評價》，《山東圖書館學刊》，2009年第1期。

對武后產生依賴的同時，也對她漸生不滿。後來高宗密詔上官儀起草廢后詔書，被武后及時中止。第二階段以上官儀事件後高武並稱「二聖」始，至上元二年（675）太子弘死亡止。上官儀事件後，帝后並稱「二聖」，高宗失去了廢后權力，武后權力再度增長，二人的權力鬥爭也更加激烈。高宗主要靠增加太子的理政機會、聯合親唐派朝臣集體抵制武后、提高李唐宗族地位等措施來限制武后權力的增長，然武后並不示弱。上元二年（675），以太子弘之死為標誌，高武權力鬥爭以高宗失敗暫告一段落。第三階段以上元二年（675）李賢立為太子始，至弘道元年（683）高宗駕崩止。該階段高宗疾病更甚，李賢被武后擊敗，新太子顯不堪重任。武后權力繼續增長，還提拔了一批武氏親屬。此後高宗雖有獨立意志，但顯然已是武后主政了。

　　第一階段是武后鞏固「廢王立武」勝利果實的階段，前文已有闡述，茲不重複。該階段不僅時間短、影響面小，二人的政治關係也並不成熟，但這一階段的高武關係往往被學界忽略，有必要做一番陳述。

　　經過幾年的固寵，武后的後宮地位已經穩固無虞。顯慶五年（660），高宗初次患病，委政武后。《資治通鑒》稱此時武后的權勢已「與人主侔矣」〔註202〕。筆者認為有些誇大其詞。武后此時行權「皆稱旨」，可見她沒有獨立的行權能力，只是代高宗理政，類似於貼身秘書。當然，武后通過前番清洗老臣，又培植許敬宗、李義府等心腹，在朝中也有一定勢力，此時又代理政務，權勢自然較立后之初有所增長，所以廢太子忠終日懼怕武后以至精神失常。此時武后開始有了獨立的政治表達，如龍朔元年（661）三月，高宗欲親征高麗，武后「抗表諫親征高麗」，高宗「詔從之」〔註203〕。可見，此時武后還談不上獨立行權，其參政行為也未引起高宗反感。慢慢地，史書中關於武后理政的記載越來越多，如龍朔二年（662）二月，朝廷「改百官名：以門下省為東臺，中書省為西臺，尚書省為中臺；侍中為左相，中書令為右相，僕射為匡政，左、右丞為肅機，尚書為太常伯，侍郎為少常伯；其餘二十四司、御史臺、九寺、七監、十六衛，並以義訓更其名，而職任如故」〔註204〕。

〔註202〕〔宋〕司馬光：《資治通鑒》卷二○○「高宗顯慶五年十月」條，北京：中華書局，1956年版，第6322頁。

〔註203〕〔宋〕司馬光：《資治通鑒》卷二○○「高宗龍朔元年四月癸巳」條，北京：中華書局，1956年版，第6324頁。

〔註204〕〔宋〕司馬光：《資治通鑒》卷二○○「高宗龍朔二年二月甲子」條，北京：中華書局，1956年版，第6326頁。

不難看出，改僕射爲匡政和左、右丞爲肅機等內容增加了道德性，目的在於加強官員的道德自律性。還可看出，東臺、西臺、中臺，左相、右相等新官稱簡便易記，符合女性思維特徵。這番改制顯然是武后的主意。高宗多病，恐怕沒有這番閒情逸致。同年六月，朝廷又「令僧、尼、道士、女官致敬父母」〔註205〕。按說出家人隔絕塵世、六根清淨，然朝廷令其仍要念及父母之情，不難看出朝廷重視倫理。筆者認爲，此敕令還有一層意思，其將「父母」並列意在糾正當時父重於母的社會習俗，這也應是武后之意，是她藉此提高母權、擴大個人影響的表現。

在武后的努力下，朝局出現了些許微妙變化。龍朔二年（662）八月，許敬宗「爲太子少師、同東西臺三品、知西臺事」〔註206〕。武后心腹許敬宗任職宰相說明武后在朝中勢力大增。值得注意的是，兩個月後，「西臺侍郎陝人上官儀同東西臺三品」〔註207〕。要知道，上官儀先前供職於前太子忠府邸，任職陳王諮議，與武后政治立場不同。太子忠被廢後，他未受到牽連，反而繼許敬宗之後亦任職宰相，極有可能是高宗爲了平衡、分化宰相班子特意安插的，或許就是爲了牽制武后。麟德元年（664），劉祥道升爲宰相，後又因與上官儀交善被罷相。可見，上官儀爲相後，和劉祥道等人一起成爲團結在高宗周圍的新勢力。不幸的是，這未能阻止武后權勢的增長。龍朔二年（662），發生了這樣一件事：

> 左相許圉師之子奉輦直長自然，遊獵犯人田，田主怒，自然以鳴鏑射之。圉師杖自然一百而不以聞。田主詣司憲訟之，司憲大夫楊德裔不爲治。西臺舍人袁公瑜遣人易姓名上封事告之，上曰：「圉師爲宰相，侵陵百姓，匿而不言，豈非作威作福！」圉師謝曰：「臣備位樞軸，以直道事陛下，不能悉允眾心，故爲人所攻訐。至於作威福者，或手握強兵，或身居重鎮；臣以文吏，奉事聖明，惟知閉門自守，何敢作威福！」上怒曰：「汝恨無兵邪！」許敬宗曰：「人臣如此，罪不容誅。」遂令引出。詔特免官。〔註208〕

〔註205〕〔宋〕司馬光：《資治通鑒》卷二○○「高宗龍朔二年六月乙丑」條，北京：中華書局，1956年版，第6329頁。

〔註206〕〔宋〕司馬光：《資治通鑒》卷二○一「高宗龍朔二年八月壬寅」條，北京：中華書局，1956年版，第6331頁。

〔註207〕〔宋〕司馬光：《資治通鑒》卷二○一「高宗龍朔二年十月庚戌」條，北京：中華書局，1956年版，第6331頁。

〔註208〕〔宋〕司馬光：《資治通鑒》卷二○一「高宗龍朔二年十月」條，北京：中華書局，1956年版，第6331～6332頁。

這件事的信息量相當豐富：宰相許圉師之子許自然因獵射殺人，許圉師隱而不奏。武后心腹的袁公瑜設計上告，另一心腹許敬宗也欲乘機治其罪。不難看出，武后的心腹已在朝中摏結成了一股政治勢力。許圉師當然有錯，高宗出於公心，訓斥了他幾句。他竟然不服，還和高宗頂嘴。他當然明白自己有錯在先，還要言自己「爲人所攻訐」，又滔滔不絕地說自己既沒有「手握強兵」，又沒有「身居重鎮」，「何敢作威福！」顯然，許圉師不是不認錯，而是對袁公瑜、許敬宗等人結黨營私、排擠朝臣大大不滿，同時影射自己雖與許敬宗等人同爲宰相，然權力過小。可見，此時的宰相班子已經出現了內部矛盾。可見高宗並未因剷除長孫無忌等人而樹立其足以震懾群臣的威信。許圉師終被罷相。顯然，宰相班子裏武后的勢力得以發展壯大。一年後，武后的另一重要李義府「爲右相，仍知選事」〔註209〕，「恃中宮之勢，專以賣官爲事，銓綜無次，怨讟盈路」。高宗知道後很不滿，稍稍警告了他一下。他就「勃然變色，頸、頰俱張」，反問高宗：「誰告陛下？」得不到回應後，他竟然「殊不引咎，緩步而去」〔註210〕。高宗甚是不悅。武后的心腹敢對高宗如此不敬，顯然是依仗武后撐腰。同年夏四月，李義府被除名流放。可見，此時武后雖然權勢大增，但羽翼未豐，還不得不照顧高宗的意志。這件事可以看做帝后關係出現的第一次裂痕，以武后妥協收場。同年十月，高宗令「太子每五日於光順門內視諸司奏事，其事之小者，皆委太子決之」〔註211〕，顯然是想通過增加太子的理政機會來限制武后權力增長，同時也將帝后權力之爭轉移到了武后和太子之間。

值得注意的是，高宗儘管性格荏弱，然仍有暴怒之時。麟德元年（664），魏州刺史郇公李孝協因犯貪贓罪，法應賜死。司宗卿隴西王李博義上奏，說李孝協的父親李叔良過去爲朝廷犧牲，李孝協沒有兄弟，恐怕要絕後。高宗說：「畫一之法，不以親疏異制，苟害百姓，雖皇太子亦所不赦。孝協有一子，何憂乏祀乎！」〔註212〕李孝協遂自盡。高宗性格仁孝，對待親屬也很寬厚。

〔註209〕〔宋〕司馬光：《資治通鑒》卷二〇一「高宗龍朔三年正月乙酉」條，北京：中華書局，1956年版，第6333頁。
〔註210〕〔宋〕司馬光：《資治通鑒》卷二〇一「高宗龍朔三年三月」條，北京：中華書局，1956年版，第6334頁。
〔註211〕〔宋〕司馬光：《資治通鑒》卷二〇一「高宗麟德三年十月辛巳朔」條，北京：中華書局，1956年版，第6338頁。
〔註212〕〔宋〕司馬光：《資治通鑒》卷二〇一「高宗麟德元年四月丙午」條，北京：中華書局，1956年版，第6339頁。

兩位兄長因爭儲身敗，他依然善待之，房遺愛謀反案中，他多次爲兄弟姐妹向長孫無忌求情，然而這一次他異常果決，竟然說出「雖皇太子亦所不赦」的話來，有些反常。這可能與他急於樹立威信有關。

無論如何，武后權勢的增長讓高宗日益感到不安。麟德元年（664），高宗覺得武后「專作威福」，自己動輒「爲后所制」，「不勝其忿」，恰逢「有道士敦行眞，出入禁中，嘗爲厭勝之術，宦者王伏勝發之」，遂借機發作，找來上官儀起草廢后詔書。上官儀是當時有名的大才子，對武后早就心懷不滿，受到高宗鼓勵後，心情激動，寫這篇廢后詔書應該不會花費很長時間。可惜還未寫完，就出現了意外，「左右奔告於后」。武后聞訊從天而降，「遽詣上自訴」。高宗「恐后怨怒」，「羞縮不忍，復待之如初」〔註213〕。不久，上官儀與其子庭芝、王伏勝被許敬宗誣陷與廢太子忠謀反被殺，籍沒其家。與上官儀交好的劉祥道、鄭欽泰等朝士均遭到貶謫。也就是說，長孫無忌、褚遂良、廢后王氏的餘孽此時已被武后徹底剷除乾淨。有人認爲上官儀是帝后爭權中高宗的一位得力幹將。高宗身爲一代帝王，恐不至於如此窩囊，由此認定這段材料記載不實〔註214〕。筆者認爲不然。根據現代醫學和心理學研究，慢性病患者由於長期承受病痛，容易出現抑鬱、焦慮、強迫等神經症狀，容易產生過強的自我保護意識，平時容易妥協，然壓抑情緒一旦積累到一定程度，也容易暴怒，但是遇到更強大的壓力或者更強勢的人，也很容易屈服。高宗長期患有慢性病，苦不堪言，又長期飽受武后壓制，暴怒後密詔上官儀廢后，面對氣勢洶洶的武后，又立刻屈服，正反映了他長期患病又受到武后壓制的心理狀態和行爲特點，是符合歷史眞實的。

這件事不僅說明武后徹底瓦解了高宗的心理防線，在帝后之爭中完全佔據了上風，還說明他們的爭鬥已經影響到了朝廷重臣的仕途（上官儀當時是宰相）。這件事讓武后明白，即使她貴爲皇后，也無法完全掌握自己的命運。她加緊了掠奪權力的步伐，旋即開創了一個帝后並稱「二聖」的新型政治格

〔註213〕〔宋〕司馬光：《資治通鑑》卷二○○「高宗麟德元年十月」條，北京：中華書局，1956 年版，第 6342 頁。

〔註214〕如秦川在《論唐高宗與武則天的矛盾和鬥爭》（載於《甘肅社會科學》1993年第 2 期）一文中指出，顯慶四年《姓氏錄》的頒行，使武則天在奪權鬥爭中進一步擴大了社會基礎。武則天立后後，許敬宗、李義府等人倒向武則天一邊，高宗提拔上官儀、劉祥道等人爲宰相，與武后鬥爭，但是高宗明顯處於劣勢。上官儀作爲反對武后的中堅人物，遂成爲高武鬥爭的犧牲品。上官儀被殺「決非高宗本意」，「實在是無可奈何」。

局，史稱「政歸房帷，天子拱手矣。群臣朝、四方奏章，皆曰『二聖』。每視朝，殿中垂簾，帝與后偶坐，生殺賞罰惟所命」〔註215〕。這個「二聖」格局看似提高了高宗的地位，將其由皇帝提升爲天皇，以示與其餘君主不同，然自己升級爲天后與天皇並列才是其眞正意圖。二人並稱意味著高宗失去了廢后權力。也就是說，武后至少在名義上和高宗並駕齊驅，帝后關係也由此進入了一個新階段。

　　第二、三階段不僅時間長，影響面廣，而且在長達二十年的時間裏，二人的權力格局基本未再發生質變。因此，這兩個階段是研究高武權力分配情況的重點。目前，學界已經取得不少成果。

　　關於第二階段，韓昇詳細分析了從麟德元年（664）上官儀事件後到上元二年（675）大約十年間高武因權力鬥爭引起的政局變化，認爲「這十年間發生了討論許敬宗諡號、重新評定國史、爲長孫無忌恢復名譽、改年號爲『上元』、新定『天皇』、『天后』稱號、改革官服制度、皇后率領百官親蠶等一系列事件，背後隱藏著忠於李唐體制的官員同武則天以皇后身份逐步奪權的激烈鬥爭。爲了杜絕二元政治下的政爭，武則天發動逼宮行動，使得鬥爭白熱化。這場鬥爭以太子弘之死暫告一段落，高宗及李唐勢力遭受打擊，武后主政局面更加牢固，並對以後的政治大清洗產生了深刻影響。這是一場維護李唐體制與否的政治鬥爭，並非地域性黨派集團的爭權奪利」〔註216〕。筆者對該文甚是欣賞，由於學識淺陋，目前對該階段高武關係的描述尚無更新之處，只能將其觀點羅列於此。關於太子弘之死，筆者倒是有一些拙見，將在下一章中詳述。

　　在第三階段，由於太子弘病薨，高宗遂將希望寄託於新太子賢、顯身上。然二子均非武后敵手，高宗病情日益嚴重，武后權力遂得以繼續增長。關於該階段，還有一個問題，那就是高宗的遺詔問題。有人認爲，高宗的遺詔顯示了其對武后的信任，是對武后臨朝稱制頒發的一張通行證。近年來，有人提出反對意見，如曾現江認爲，高宗在遺詔中委託武后處理軍國大事，與其一貫的思想背道而馳，若非按照武后意思所寫，就是武后和裴炎「同謀」的結果〔註217〕。筆者亦認爲高宗遺詔有些蹊蹺：高宗駕崩時宣裴炎一人入內，

〔註215〕　〔宋〕歐陽修、宋祁：《新唐書》卷七六《則天武皇后傳》，北京：中華書局，1975年版，第3475～3476頁。
〔註216〕　韓昇：《上元年間的政局與武則天逼宮》，《史林》，2003年第6期。
〔註217〕　曾現江：《唐高宗遺詔的產生及其與政局的關係》，《貴州文史叢刊》，2002年第1期。

也僅命他一人輔政，不像太宗臨終託孤時有多位老臣在場，而裴炎此前的政治表現並不突出。高宗駕崩後，裴炎沒有立刻擁戴中宗理政，而是聽任武后暫時臨朝。中宗登基後，裴炎與中宗關係也並不融洽。這著實令人感到奇怪。由於筆者才疏學淺，也僅能議論至此。

　　需要特別指出的是，無論高宗、武后因爭權產生過多少不愉快，但是縱觀二人相處始末，感情總體上還是不錯的。交往之初，二人不顧倫理來往不斷，情深意濃，高宗力排眾議將出身寒微、曾爲父妾、女尼的武氏立爲皇后。趙文潤認爲，武氏的立后詔書是高宗親筆所寫〔註218〕，曰：「武氏門著勳庸，地華纓黻，往以才行選入後庭，譽重椒闈，德光蘭掖。」〔註 219〕這些讚美應出自眞情。武后立后不久，許敬宗等人著手修改《氏族志》爲《姓氏錄》，將武后一族列爲第一等。史載修《姓氏錄》時，「上親製序，仍自裁其類例」〔註220〕，可見這是高宗親自主持的。前文已述父系的寒微門第一直是武后的一塊心病。顯然，高宗非常瞭解她的心思，希望以此來滿足她的虛榮心。武后能將內心深處最自卑的地方坦露給高宗，可見對高宗的坦誠和信任。在此後的長久相處中，雖然高宗身邊間或出現其他女子，但武后經常伴駕，地位十分穩固。從顯慶二年（657）到弘道元年（683），武后前後七次陪伴高宗離開長安，巡幸各地，如去泰山封山，回并州省親，在汝州、驪山溫泉療養，在許州、華山巡狩打獵，到嵩山尋仙問道等。除巡遊各地外，武后與高宗的大部份時間都住在洛陽和附近的避暑行宮中，如合璧宮、紫桂宮、蓬萊宮和奉天宮等。從這些行跡中不難看出二人感情之深厚。高宗患有多種慢性病，不少病症在當今都難以治癒。其病體綿延二十多年而不致死，與武后的悉心照料是分不開的，史書中還有武后爲高宗病情好轉感到欣慰的記載〔註221〕。高宗遺囑交代要葬在長安。武后不顧陳子昂等人的反對，指派專人在長安西北部爲他營建了一座氣勢恢宏的乾陵。在乾陵的前面，武后爲他樹立了一座高大的《述聖紀碑》。武后親自撰文，洋洋灑灑數千字，文采飛揚，感情淋漓

〔註218〕 趙文潤：《武則天及其評價》，《山東圖書館學刊》，2009 年第 1 期。

〔註219〕 〔唐〕唐高宗：《立武昭儀爲皇后詔》，見〔清〕董誥：《全唐文》卷一一，北京：中華書局，2009 年版，第 143 頁。

〔註220〕 〔宋〕王溥：在《唐會要》卷三六《氏族》，北京：中華書局，1955 年版，第 664 頁。

〔註221〕 秦鳴鶴用針刺法給高宗治病，武后賞賜一事載於〔宋〕司馬光：《資治通鑑》卷二〇三「高宗弘道元年十一月丙戌」條，北京：中華書局，1956 年版，第 6415 頁。

盡致，盡情謳歌了高宗的政績，隻字不提自己的功勞。趙文潤指出，「這是武則天和唐高宗相愛三十年的經典之作，是一座有愛心的、永恆的紀念碑」，「武則天一生不愛男寵，她最愛的還是唐高宗」〔註222〕。

　　綜上所述，高宗和武后的關係相當複雜。二人的相識相戀，既有愛情的浪漫甜蜜，淒苦無奈，又有驚世駭俗的不倫之處，道德污點；二人的正式結合，既有情侶間的你儂我儂，情場中的勾心鬥角，又有父子關係的影響和政治上的必然；二人關係的微妙變化，既有普通夫妻間瑣碎的矛盾衝突，又有權力和情感的相互糾纏。武后對於高宗，既有愛情的浪漫性，又有世俗的功利性。高宗對於武后，既有喜愛寵信與猜忌防範，又有放任驕縱與節制約束。高武性格的差異和互補、政治形勢的變化等都是影響二人關係的重要因素。

〔註222〕趙文潤：《武則天及其評價》，《山東圖書館學刊》，2009 年第 1 期。